闪耀的名字

——讲述中国科学家的故事

SHANYAO
DE
MINGZI

余建斌 ◎ 著

江西教育出版社
JIANGXI EDUCATION PUBLISHING HOUSE

赣版权登字-02-2023-016

图书在版编目（CIP）数据

闪耀的名字：讲述中国科学家的故事 / 余建斌著
. -- 南昌：江西教育出版社，2023.10
ISBN 978-7-5705-3456-2

Ⅰ. ①闪… Ⅱ. ①余… Ⅲ. ①科学家 – 生平事迹 – 中国 – 现代 Ⅳ. ①K826.16

中国版本图书馆CIP数据核字（2022）第243465号

闪耀的名字：讲述中国科学家的故事
SHANYAO DE MINGZI : JIANGSHU ZHONGGUO KEXUEJIA DE GUSHI
余建斌 著

江西教育出版社出版
（南昌市学府大道 299 号 邮编：330038）

出 品 人：熊 炽
责任编辑：罗 京 丁梦琛
美术编辑：朱有幸

各地新华书店经销
江西省和平印务有限公司印刷
710 毫米 ×1000 毫米 16 开本 14.75 印张 150 千字
2023 年 10 月第 1 版 2023 年 10 月第 1 次印刷

ISBN 978-7-5705-3456-2
定价：42.00 元

赣教版图书如有印装质量问题，请向我社调换 电话：0791-86710427
总编室电话：0791-86705643 编辑部电话：0791-86705643
投稿邮箱：JXJYCBS@163.com 网址：http://www.jxeph.com

前　言

对公众来说，科学家是一个较为神秘的群体，是一群为人类探索未知规律、拓展认知疆界的人。许多著名的科学家之所以受人们崇拜，不仅因为他们的成就，更因为他们所展现出来的睿智和精神品格。科学家们不仅为我们留下了宝贵的发现和发明成果，也沉淀出了后人所景仰的科学家精神。

科学无国界，科学家有祖国。中国科学家是尤其令人感佩的特殊群体。他们从一穷二白起步，到科技事业自主创新取得巨大成绩，尤其是党的十八大以来，我国科技事业实现历史性变革、取得历史性成就，经济社会发展的大踏步前行，离不开科学家们的忘我奋斗。一代又一代矢志报国的科学家前赴后继、接续奋斗。他们中间有李四光、钱学森、钱三强、邓稼先等老一辈科学家，有陈景润、黄大年、南仁东等新中国成立后成长起来的杰出科学家，也有众多深耕研究领域的院士，朝气蓬勃、勇于突破的科技团队。他们将"被祖国需要"看作一种莫大的荣耀，巨大的幸福。

无论是"先天下之忧而忧，后天下之乐而乐"的家园情怀，还是"干惊天动地事，做隐姓埋名人"的不改初心，中国的科学家们往往有着这样一个鲜明的特点，就是始终心怀"国之大者"，有着心有大我、至诚报国的强烈爱国情怀。钱学森突破重围回国报效，邓稼先不顾个人安危进入核爆污染区，杨利伟冒着生命危险飞向太空……这些中国人耳熟能详的故事，和其中饱含的爱国主义精神力量，穿越时空，激励着广大科技工作者不懈奋斗，把故事写在祖国大地上，将上九天揽月的脚步迈得更远，在前沿探索的科学无人区勇敢前行。实际上，这是一种相互成就——个人不辜负国家，国家也不会辜负个人。正是在这样一种奋进之中，科学家们把自己的科学追求融入国家的伟大事业中，并从国家的大科学计划、大科学工程以及广泛而深入的科技成果运用中，成就自己，实现自己在科学上的雄心壮志。

当前，踏上新征程的中国正努力加快实现高水平科技自立自强进程，深入实施创新驱动发展战略，为建设世界科技强国和社会主义现代化强国踔厉奋发、执着奋斗。这需要广大科技工作者努力创新，实现更多"从 0 到 1"的突破，不断向科学技术广度和深度进军。人是科技创新最关键的因素，科学成就离不开精神支撑，因此，科技自立自强离不开科学家们的忘我奋斗，也离不开科学家精神的大力弘扬。

《闪耀的名字》一书讲述的是几代中国科学家和科研团队的故事，希望通过展现这些科学家和科研团队胸怀祖国、服务人民的精神特质，让大家感受和触摸精神的力量，从而进一步理解和支持国家科技创新事业，同时也激励更多的青少年爱上科学、加入到弘扬科学家精神的队伍中来。无论是从事科学研究，还是在其他不同的岗位上，以爱国奋斗为核心的中国科学家精神始终是人们奋斗路上的灯塔。

目　录

第一章　科学大师

第二章　探索勇士

第三章　院士风采

第一章

科学大师

朱光亚："朱光亚星"永放光芒

朱光亚，1924 年 12 月出生，湖北武汉人，我国核科学事业的主要开拓者之一，中国科学院、中国工程院资深院士，中国科学技术协会名誉主席、原主席，中国工程院原院长、党组书记，中国人民政治协商会议第八届、九届全国委员会副主席。

1956 年 4 月加入中国共产党。1942 年至 1945 年在西南联合大学物理系学习。1946 年至 1950 年在美国密执安大学研究生院物理系原子核物理专业研究生学习，并获博士学位。

曾参与了中国原子弹和氢弹的试验和研制，后又相继组织实施了核电站筹建（如秦山核电站），并参与了"863 计划"的制定与实施。还参与了中国工程院的筹建工作。1999 年，获得"两弹一星功勋奖章"。

2011 年 2 月 26 日上午 10 时 30 分，87 岁的科学巨星朱光亚停止了思考，传奇而神秘的一生从此画上句号。但苍穹之上那颗"朱光亚星"，将永久绽放光芒。

对这位"莫逆之交"，美籍华裔物理学家李政道评价说：他十分精心地组织王淦昌、彭桓武、郭永怀、程开甲、邓稼先、陈能宽、周光召、于敏、黄祖洽、陆祖荫等成千上万的杰出科学家和工程技术人员进行了"两弹"研制，他在"两弹"的研制中是"科技众帅之帅"……

我这一辈子主要做的就这一件事——搞中国的核武器

从 20 世纪 50 年代末投身于核武器研制工作，到 2005 年以年过八旬的高龄退休，朱光亚与核"打交道"长达近半个世纪。

"我这一辈子主要做的就这一件事 —— 搞中国的核武器。"朱光亚回顾说。

1959 年 7 月 1 日，宋任穷等人把 35 岁的朱光亚请去，邀请他到核武器研究所领导原子弹的研制工作。当时朱光亚内心十分激动。在 1946 年 8 月，22 岁的他被物理学家吴大猷选中，赴美留学，进入了密执安大学攻读核物理博士学位。学生时代漂洋过海去追求的梦想，终于实现了。

此后，从核武器研究所创立开始，朱光亚就担任我国第一颗原子弹研制的技术组织和领导工作，也是我国核武器研制的科学技术计划组织者和领导人之一。

1964 年 10 月 16 日下午 3 时整，一朵蘑菇云在我国的西北戈壁腾空而起。由于走错了路，朱光亚一行人还没有赶到山头的观测站，原子弹就爆炸了。还在赶路的朱光亚转过身来看着正在升腾的蘑菇云，不禁潸然泪下。

朱光亚这辈子只喝醉过一次酒，就是在第一颗原子弹爆炸成功的当天晚上。

李政道也是从公开的资料中，才知道好友朱光亚在这个研制原子弹、氢弹的科学家团队中起了非常重要的作用。这支科学家团队之所以"了不起"，既是因为其中包含了许多杰出的科学家，也是因为这个团队整体效率很高，整体创造力发挥得特别好。

"两弹一星"元勋彭桓武曾称赞朱光亚"细致安排争好省，全盘计划善沟通，周旋内外现玲珑"，"两弹一星"元勋程开甲称赞朱光亚"深思熟虑，把握航道"，上级领导则说朱光亚是"杰出的科技帅才"。

回顾往事，朱光亚却屡次提到：核武器事业是集体的事业，所有的一切荣誉都是集体的。我仅仅是其中的一员，是一个代表。

"祖国的建设急迫地需要我们"

爱国之情，始终是朱光亚的精神动力源泉。1950年2月底，朱光亚匆匆告别学业尚未完成、处在热恋中的女友，也就是未来的妻子，取道香港回到新中国。之前，他和其他52名留学生签名发出了一封给留美中国学生的公开信，信中大声呼唤：祖国的建设急迫地需要我们！

回到国内后，朱光亚成为当时北大年轻的副教授之一。

全国政协副主席、中国科协主席、中国工程院院长……这些都是朱光亚担任过的职务。

1994年3月，全国政协八届二次会议举行大会选举，在审读朱光亚的履历时，全体政协委员们都被深深感动，96%的委员同意增选朱光亚为全国政协副主席。

但朱光亚的功劳不仅仅在"两弹一星"的功勋中，他还被国防科技领域的同行们誉为有战略眼光的科学家。时任解放军总装备部部长，中央军委委员、总政治部主任李继耐曾有一番评价：朱光亚是一位具有战略眼光和远见卓识的科学家，他参加了包括《1956—1967年科学技术发展远景规划纲要》在内的新中国历次国家中长期科技发展规划的编制工作……1970年后的30多年里，他一直负责领导我国核武器技术研究与发展工作，处于高层科技决策的中心，潜心探索中国特色的核武器发展之路……

担任科协主席时，朱光亚一直强调科协是人民团体，是科技工作者之家，要避免行政化倾向，要让来办事的知识分子有回家的感觉。

为呼吁全社会尊重科学，重视科学知识普及，在中国科协的5年，也许是朱光亚一生中发表公开讲话最多的一个时期。

曾在朱光亚身边工作10年的秘书陈建平说，1994年中国工程院创建，朱光亚担任首任院长。当时朱光亚本人曾多次推托，并提出自己认为更合适的人选，但他还是被确定为院长人选之一，并在当年6月的中国工程院成立暨首届院士大会上，全票当选为首任院长。

"我个人只是集体中的一员，做了一些工作"

几十年前，在北京一个大院里，一群小孩正聚在一起聊天。不知是谁突然提出了一个问题：我们的爸爸妈妈是做什么的？居然没人能答出来。有人说：咱们回忆一下，是不是每次核试验，大家的爸爸妈妈都不在北京。"大伙儿一验证，果然都在出差，都去了西北地区。确认了这一事实后，大家感到非常神圣，静静地坐了好长时间。"回忆起这个亲身经历的小故事，朱光亚的儿子朱明远眼睛有些湿润。

在那一段时间里，朱光亚和孩子们一年也见不了几次面，回北京的几天也是汇报工作。由于事业的特殊性，朱光亚的经历鲜为人知。但这和朱光亚极为低调也有关系。描写朱光亚的文章其实不是没有人写，而是写了文章到他那里也过不了关——不是被扣下来，就是因不同意发表而被退回。他总说，先写别人吧，我的以后再说。

2004 年，朱光亚 80 岁。为表彰他对我国科技事业特别是原子能科技事业发展作出的杰出贡献，国际小行星中心和国际小行星命名委员会批准将我国国家天文台发现的、国际编号为 10388 号小行星正式命名为"朱光亚星"。在"朱光亚星"的命名仪式上，朱光亚平实地说："以我的名字命名一颗小行星，我很不敢当……我个人只是集体中的一员，做了一些工作。"我忘不了信任和关心我的党组织，忘不了支持和帮助我的老领导，以及同舟共济的同事们。

朱光亚淡泊名利，中国工程院原秘书长葛能全回忆，1996 年，朱光亚获得了何梁何利基金科学与技术成就奖的 100 万元港币奖励。他拿到奖金支票后，马上就捐给了中国工程科技界的工程科技奖奖励基金。他攒了 4.6 万多元稿费，也捐给了中国科协的一个基金会。他自己非常节省，经常拿台历反面写东西，如果只需要写一句话，他会撕那么一条下来，而不是用整张纸。

朱光亚对吃饭很不"讲究"，有什么吃什么。他曾喜欢穿一套旧的布军服，虽然旧，却是干净利索。他自己也是这么一个"利索"的人，在美国留学期间，他的学习成绩全是 A，连续 4 年获得奖学金。据朱光亚夫人许慧君回忆，当时的美国教授们觉得看朱光亚的答卷是种享受，因为他的卷面一向整洁。

朱明远也因为父亲的这种熏陶受益。"那时候刚开始工作，同事和领导们都夸我很细致。他们可想不到我在家常被父亲说成'马大哈'。"朱明远说：父亲对我们要求很严格，但这种严格又不是严厉，他对人态度非常温和，就是言传身教。

吴征镒：愿以肩膀托后人

吴征镒，1916 年 6 月出生，研究员，1955 年 6 月当选为中国科学院院士，后担任资深院士、中国科学院昆明植物研究所名誉所长。

吴征镒院士是著名的植物学家，是我国植物分类学、植物系统学、植物区系地理学、植物多样性保护以及植物资源研究的著名学者。他参加并领导中国植物资源考察，开展植物系统分类研究，发表和参与发表的植物新分类群有 1766 个，是中国植物学家发现和命名植物最多的一位，改变了中国植物主要由外国学者命名的历史。

2008 年 1 月 8 日，吴征镒院士获得 2007 年国家最高科学技术奖，2011 年 12 月，国际小行星中心将第 175718 号小行星永久命名为"吴征镒星"。

"我搞了一辈子植物科学的研究，今年 92 岁了，我感觉到学无止境，后来居上。"

2008 年，获得 2007 年度国家最高科学技术的吴征镒院士，这位中国植物学研究的杰出学者、世界著名的植物学家谦逊地说，"我的工作是大家齐心协力做的。我个人得到国家如此大的褒奖，更应该尽有生之力，把后学的同志能带多少带多少……"

"原本山川，极命草木"，是毕生的衷曲

"出生于九江、长于扬州、成人于北京、立业于昆明"，时空变迁，不变的是吴征镒对一草一木的钟爱。

孩提时代，他最大的爱好是逗留在家中的后花园——芜园，并从父亲的书房里拿出清代植物学家吴其濬写的《植物名实图考》，同眼前花草一一比照，开始"看图识草"、亲近植物。17 岁中学毕业，吴征镒就执意选择并考取了清华大学生物系。

抗战开始后，他随校南迁，在西南联大任助教期间根据所能收集的标本照片、植物学文献，写成近 3 万张植物卡片。到今天这些卡片还保存于昆明、北京和华南 3 处，成为编纂植物志的宝贵资料。

1958 年，怀着对云南这个"植物王国"的向往和热爱，吴征镒又举家从北京迁到昆明，从此开始他在中国科学院昆明植物所"立志立题、殚精竭虑、上下求索"的生涯。

"原本山川，极命草木"，这句话被众多植物学研究者奉若圭臬。比吴征镒小 16 岁的周俊院士说："前人解释为'陈说山川之原本，尽名草木之所出'。吴先生说我们应遵循这种精神，并且亲笔书写这八个字后刻石于昆明植物所内，他自己同时身体力行。"

在中国植物学家中，吴征镒是发现和命名植物最多的一位，发表和参

与发表的植物新分类群（新种和新属）达 1766 个。他的学术生涯也被认为是现代植物学在中国本土化和中国植物学走向世界的缩影。

"吴老 80 岁高龄时还去台湾考察植物，走遍了全国所有省市。世界五大洲除了非洲，其他的都去过。"周俊院士提起有一次跟吴征镒去云南考察："在密林里吴老一跌跤坐在地上，突然说，'唔，这里有个植物，是中国的新纪录。'原来他坐在地上时见到一种白色寄生植物，拿在手上一看，就认出了那是锡杖兰。"

和吴征镒一起主编《中国植物志》英文版和修订 Flora of China 工作的美国院士评价说，吴征镒院士是世界上最杰出的植物学家，是一位对中国，同时对全世界其他地方的植物有着广泛而深入认识的、真正的学者。

历时 45 年编纂完成的鸿篇巨制《中国植物志》80 卷 126 册，共有 5000 万字、5000 余幅图，是三代植物学家集体工作的结晶，其中 2/3 的卷册是在吴征镒 1987 年担任主编后完成的。

基本摸清中国高等植物的家底之后，吴征镒造诣日深，开始追索中国植物的来龙去脉，提出了中国植物区系的热带亲缘、植物分布区类型的划分及其历史来源、以及东亚植物区等一系列观点。1964 年，他在亚非科学讨论会上提出，北纬 20°～40° 的中国南部、西南部和中南半岛地区是东亚植物区系的摇篮，甚至也是北美洲和欧洲等北温带植物区系的发源地。这个论断被广为引用。

"博闻强记不足挂齿"，天才也离不开勤奋

吴征镒被中外同行誉为中国植物的"活词典"。同事和身边的学生都形容他博闻强记、博古通今。编《中国植物志》时，他脑子里记得文献的出处，在手稿里写个人名注上年代，助手去查对应文献时，往往一丝不差。

"他的记忆力好到什么程度呢？有一次去西宁，一个年轻人采了一大捧植物标本来请教。吴先生有个习惯，凡是有人来请他定学名，都是来者不拒。结果那天他给那些标本写拉丁文名、中文名，整整忙了两个多小时。"周俊院士说，"我们问吴老你的记忆力怎么这么好，他却说博闻强记不足挂齿。"

"吴先生的勤奋和严谨非常了不起。"长期跟随在吴征镒身边工作的武素功研究员说。吴征镒在北京工作时，40多岁就担任中科院植物所副所长，任务很重。开会时休息的10分钟时间，他还去标本室看标本。晚上电话比较多，他有时候就把电话搁一边。"正是他这样不断的积累，基础扎实了，晚年才能继续出大成果。"

昆明植物所所长李德铢博士是吴征镒的弟子之一。他记得有一段时间吴征镒住在医院没办法工作，非常着急。"他还经常批评我们有点事务主义，做了行政工作不能浮在上面，而要沉下来多点时间做学问"。

"80岁后，吴先生的眼、耳渐不如前，但他在2000年后出的著作都是亲自执笔。有些著作本来一年就能完成，结果花了三四年时间，因为他随时会把新的资料插到稿子里去。"做过吴征镒学术秘书的昆明植物所生物地理与生态学研究室副主任彭华说。

"有一分力发一分力"，更多的工作需要大家做

"人生有限，我要在我有限的时间里，有一分力发一分力，有一分光发一分光。"这或许可以作为吴征镒对众多评价的回答。他说："我的能力有限，尽可能几十年如一日向前。"

2007年1月，年届九旬的吴征镒被力邀担任《中华大典·生物学典》的主编。"我的工作过去主要靠观察，现在虽然我处于青光眼后期，不能再做新的工作了，但能够把现在承担的中华大典任务承担到底，我就心满意足了，更多的工作需要大家做"。

之前，国家重大科学工程"中国西南野生生物种质资源库"竣工并投入使用，他提出的建立"野生生物种质资源库"变为现实。

往前追溯，新中国成立初期，当国家急需橡胶时，他就参加和领导了海南、云南的橡胶宜林地考察，又同其他科学家一道发起了建立我国自然保护区的倡议……从科学救国到科技兴国，吴征镒爱国之心拳拳。

"总之我的能力有限，人生不过几十年，诸位还将获得比我们更长的时间，取得更大的成就。年轻的科学工作者，一定要在比我们还要艰难的路上去攀登，我愿意提供肩膀做垫脚石。"这是吴征镒对青年人的寄语。

谢家麟：一世尘梦驱粒子，万家栖居见诗心

谢家麟，1920 年生于黑龙江省哈尔滨市，1943 年毕业于燕京大学物理系，1951 年在美国斯坦福大学获博士学位。

他是国际著名加速器物理学家，中国科学院院士，我国粒子加速器事业的开拓者和奠基人之一，为我国高能粒子加速器从无到有并跻身世界前沿起到了至关重要的作用，对我国高能物理实验基地的建造作出了卓越贡献。

他带领团队研制成功我国第一台大科学装置——北京正负电子对撞机，曾获国家科技进步奖特等奖、何梁何利科技进步奖等。

音乐家使用音符谱写了美妙的音乐；诗人凭借字句的安排咏出千古绝唱；高能物理和加速器研究者，则利用电磁场和粒子运动的规律，向人类探索物质本源的终极梦想不断迈进。

2012 年 2 月 14 日，国际著名的加速器物理学家、92 岁的谢家麟获得 2011 年度国家最高科学技术奖。

面对前来祝贺的众人，精神矍铄、声音洪亮的谢家麟院士诚挚地说：

"最高科技奖是给个人的，也是给整个高能物理领域的。"

世界上第一台以高能电子治疗深度肿瘤的加速器、中国第一台高能量电子直线加速器、北京正负电子对撞机 …… 这些撬动粒子物理研究和造福人类的加速器，也成为这位自我评价"很一般、很平常、不聪明"的大科学家，向科学与人生的梦想无限逼近的"加速器"。

十年磨一剑，锋利不寻常

"在中国自己的高能粒子加速器上开展高能物理实验研究，曾经是中国物理学家梦寐以求的理想。"谢家麟回忆。

最终将理想实现的正是北京正负电子对撞机，在坐落于北京西郊玉泉路中国科学院高能物理研究所，被称为我国20世纪80年代继"两弹一星"后最重大的科学工程正式启动。

在形似羽毛球拍的北京正负电子对撞机内，正、负电子束流不断"冲浪"，最终加速到接近光速，并在相互碰撞中揭示微观世界的科学奥秘，如同一枚粒子物理领域的探针，不断挑起物质微观世界的神秘面纱。

1984年10月，北京正负电子对撞机动工兴建，谢家麟是总设计师兼工程经理。当时，高能加速器是尖端技术，对撞机技术又是高能加速器中的尖端，国际上认为中国这一步迈得太大。

"有人打了一个比喻，说我们好比站在火车月台上，想要跳上一辆飞驰而来的列车。如果跳上了就飞驰向前，如果没有抓住，摔下来就粉身碎骨。"叶铭汉院士说。

"中国当时的高能物理研究水平落后于国际水平 30 年，研制电子对撞机实际上是直接实现最先进技术的途径。如果还是一步一步来跟踪，可能永远没有出头之路。"陈森玉院士说。

正是在这个关键性的选择中，谢家麟大胆超前，又谨小慎微。他多次组织国内外科学家展开论证和调研，反复权衡两种路线的优缺点，以深入而细致的分析说服了持不同意见者，最终确定了正负电子对撞机的方案。

为了保证加速器按期按质完成，谢家麟又选择超高真空、磁铁、自动控制等八项关键技术开展预研，并提出一定要采取既先进又是经过验证的技术……

1988 年 10 月，北京正负电子对撞机成功实现第一次对撞。此后，北京高能物理研究所跻身世界八大高能加速器中心。

"现在回想起来，那时候有点大胆。"谢家麟说，"但什么叫科研工作？就是解决困难。路都摆在那了，你顺着走，还叫什么科研工作？科研的根本精神就是创新，就是没有路可走，自己想出条路来走"。

"十年磨一剑，锋利不寻常，虽非干莫比，足以抑猖狂。"成功之后，谢家麟赋诗一首，表达心情。

"春风蜜月谁为伍，火炭风箱度乱时"

从青年时期开始，谢家麟就习惯赋诗抒怀。

抗战期间，他和妻子旅行结婚时，行李中还带着半箱临行时跑到城里中药铺买来的滑石，希望有机会还能继续研究无线电。在蜜月中，他居然还找到一个铁匠铺继续烧炼。对此，谢家麟以诗为证："一心烧炼人笑痴，满箱密件是顽石。春风蜜月谁为伍，火炭风箱度乱时。"

谢家麟认为自己是一个资质普通的人，但也相信只要努力一定会有收获。

20 世纪 40 年代，由于喜爱偏重应用基础研究的微波物理和技术，谢家麟从美国加州理工学院转学到斯坦福大学攻读博士，从此对粒子加速器产生了强烈的兴趣。

兴趣驱动，让他在物理领域造诣日深。1952 年博士论文答辩时，向谢家麟提问的教授要他对问题做出定性的解释，谢家麟却在黑板上即时推出了方程式，解决了问题。这完全出人意料，谢家麟当时被要求暂时回避。等再进屋时，教授们已伸手祝贺他博士答辩通过。

中华人民共和国成立初期，留学生们摩拳擦掌，准备回国一显身手。然而，谢家麟在归国途中却被拦下，直到 1955 年才回到祖国。谢家麟说，当时的感受分明就是"黄河横渡混相似，故国山河入梦游"。

而这次长达 4 年的滞留，促成了当时世界上唯一的使用高能电子束流治癌加速器的诞生，也打磨出一个优秀的粒子加速器专家。

当时还有 4 位斯坦福大学教授也进行着相同的研制工作，谢家麟作为他们的对手，无论资历还是可供调遣的人员和资源，都和他们不在一个量级上。赤手空拳的他费尽周折找到一家化妆品工厂，承担加工任务的工程师从未接触过加速器和真空方面的工作。而 2 年之后，1955 年的夏天，谢家麟的医用加速器率先建成，并应用于患者的治疗。

"这件棘手的工作，使我必须从头到尾亲自解决电子直线加速器在研制和应用的全部过程中出现的问题，积累了经验，也建立了不懂可以学懂的自学信心，并懂得了培养年轻人要委以重任的'压担子'的道理。"谢家麟回忆说。

1979 年，谢家麟到美国芝加哥费米国家实验室，重访他当年做的那台医用电子直线加速器，时隔 23 年，加速器仍在运转之中。

正当医用加速器研制成功之时，美国移民局来信，要他在做永久居民和限期离境之间做出抉择。

"我当然毫不迟疑地做了尽早回国的决定。"谢家麟说，"我希望自己能对生我育我的祖国做出些贡献，这是我们这一代留学生的共同心声。"

回国后，他带领一批刚出校门的大学生，用 8 年时间建成了中国第一台 30MeV 的高能量电子直线加速器，为我国第一颗原子弹的研制提供了保障和检测手段。

研制这个加速器，当时所面临的情况是"一无所知"和"一无所有"。但谢家麟做的这件远远超前的研究工作，却为后来建造北京正负电子对撞机奠定了技术基础，培养了中国加速器的人才。

这也是他所说的"想吃馒头，先种麦子"。

"石室宝藏观止矣，跃登天马莫淹留"

即使年逾九旬谢家麟每周一依然会到办公室看看信件，他最感兴趣的事，是看看书、看看报，了解科学上有什么发展和新的创造。"谢先生一生有两个主题，一个是竞争，一个是超前。"熟悉谢家麟的冼鼎昌院士说，他所做的工作总是在与国际同行的竞争中进行，也总具有前瞻性。

70 岁之后，谢家麟依然致力于一种新型光源——自由电子激光的研究，并在亚洲第一个研制成功。令人惊叹的是，21 世纪初，已是耄耋之年的谢家麟尝试突破加速器设计原理，将电子直线加速器几十年沿用的三大系统精简为两个系统，大大降低制造成本，并研制出世界上第一台紧凑型新型加速器样机。

"石室宝藏观止矣，跃登天马莫淹留。"谢家麟的这两句诗，表达了他不愿满足现状，要持续创新的想法。

"创新是人的本性。"谢家麟认为，"我们要建设科技强国，必须强调培养高素质的创新科技人才，能够产生新思想，并能克服困难，把思想变为现实，这样才能攀登世界的顶峰。"

谢家麟常引用"要发现新东西，必先做出新东西"的科学谚语，鼓励学生们自己动手，边干边学。

他崇尚"细节决定成败"，他说："细节问题可能是由于设计、加工、调整的不当，也可能昭示新现象的存在。微波背景辐射是宇宙大爆炸理论的支柱之一，而这却是由于研究射电望远镜噪声时发现的"。

谢家麟长子谢亚宁也从事高能物理的研究。他说，父亲给他最深的印象，是对他说过这么一句话："如果一个人不能成为伟大人物，可以原谅，那是机遇和能力的问题。但不能成为一砖一瓦，那是不可原谅的。"

孙家栋：中国航天事业的见证人

孙家栋，1929 年生，中科院院士、中国航天科技集团公司高级技术顾问、探月工程高级顾问、北斗卫星导航系统工程总设计师，我国卫星事业和深空探测事业的开拓者，参与创造了中国航天史上多个第一。他主持完成了我国第一颗人造卫星、第一颗返回式卫星和第一颗静止轨道试验通信卫星的总体设计，是我国月球探测工程的主要倡导者之一，并担任月球探测一期工程的总设计师。

他是最年轻的"两弹一星"元勋，也是最年老的卫星工程总设计师。

81 岁时，他又拿了国家最高科学技术奖。

不是起点的起点

2009 年 3 月 5 日，98 岁的钱学森给孙家栋写去一封信，信中说："您是我当年十分欣赏的一位年轻人，听说您今年都 80 大寿了，我要向您表示衷心的祝贺！您是在中国航天事业发展历程中成长起来的优秀科学家，也是中国航天事业的见证人……"

孙家栋一字一句细看，为钱学森在信中 7 次提及"您"这个称呼感动不已，心绪难平。

1967 年 7 月 29 日，一位姓汪的部队参谋驱车直接找到孙家栋，讲明来意，传达指示，随后又直接将他从北京南苑送到位于当时北京西郊的友谊宾馆。从造导弹到放卫星，人生的转折，似乎也只是十几千米的距离而已。

由钱学森推荐，在导弹设计领域已小有名气的孙家栋，38 岁时受命领衔研制我国第一颗人造卫星"东方红一号"。

"现在看简单，但那个年代第一次搞，就连一个满足质量要求的简单的 21 芯插头都找不到。工业水平、科技水平和选卫星的要求都有差距。"

孙家栋回忆说，中央根据当时的国际形势判断，要求无论如何也要在 1970 年把第一颗卫星送上天。但从当时情形看，已经取得不错成绩的科学院卫星研制工作一度停顿。同时，由于卫星方案内容很多，加大复杂程度，不符合当时的实际条件。卫星上的各种仪器研制进度不一致，有的仪器甚至还没开始做。按照既定方案继续，到 1970 年很难完成。

聂荣臻元帅万分焦急，于是找到钱学森，要求一定要在 1970 年把第一颗卫星送上天。

"钱老组织我们反复研究，最后达成一致意见，就是确保 1970 年第一颗卫星上天，方案需要简化。第一颗星最主要的目的就是要向全世界宣布，中国也掌握了航天技术。时间来不及，科学目标可以让下一颗卫星来实现。"孙家栋说，这样将卫星里面的仪器简化到最低程度，"感觉到可以拿下来"。

"上得去、抓得住、听得清、看得见"，寥寥 12 字，简要概括了"东方红一号"卫星的总体技术方案和目标，以此形容初次接触卫星的技术负责人孙家栋也十分贴切。

当时的孙家栋就展露出擅长总体协调的能力。他选定的来自不同单位的 18 名技术人员，后来成为中国卫星发展史上著名的"十八勇士"，得到了一致的认同，当时人们还敲锣打鼓把这些技术人员送来。

"那时候分歧厉害，确定提名名单很难，最后凑巧，群众对名单没什么意见。"分析原因，孙家栋谦虚地说："从工作需要出发选人，人们自然通情达理。"

随后，他又重新制订了"东方红一号"的总体技术方案。方案需要有人拍板，孙家栋找到时任国防科委副主任的刘华清，直率而恳切地说："你懂也得管，不懂也得管。你们定了，拍个板。我们就可以往前走。"

出于对毛主席的热爱，当时许多卫星产品研制单位把毛主席金属像章镶在生产工具上，继而又镶到产品上。这导致卫星重量超重，也极大影响了卫星质量。虽然事关重大，但验收产品时，谁也不敢说出"毛主席像章影响卫星了"这句话。

孙家栋去人民大会堂向周恩来总理汇报卫星进展，为了是否该如实汇报像章的问题，他想了一夜。汇报时，图纸铺在地毯上，孙家栋蹲着给周总理讲解。周总理听得入神，也蹲下来细听。孙家栋趁机提了像章的事情。周总理听后同在场的人说：你们年轻人对毛主席尊重热爱是好事，但是大家看看我们人民大会堂这个政治上这么严肃的地方，也没有挂满毛主席的像。什么地方、什么时候挂都是非常严肃的事情。周总理一番话，最终解决了一个棘手难题。

1970 年 4 月 24 日，卫星发射上天并成功入轨，太空中传回人们熟悉的《东方红》乐曲，举国欢腾。中国从此迈入太空时代，成为世界上第五个能够自主研制并发射卫星的国家。消息传来后的第一时间，天安门广场就挤满了激动万分的人群，人们争相传看《人民日报》的号外。

比较公允的评价是，如果按照原来的方案，"东方红一号"卫星不可能在 1970 年发射成功，有人说，"没有孙家栋的这两下子，卫星发射可能还要再等几年"。

"十八勇士"之一、后来成为神舟飞船总设计师的戚发轫说："孙家栋是小事不纠缠、大事不放过的人，跟他在一起痛快！"

已故的"两弹一星"元勋陈芳允院士曾说，孙家栋在年龄上虽然要比我们年轻许多，但他为人处事很谦虚，很低调，很注意用分析的态度倾听不同意见，所以在学术界经常能够获得大家的支持。

对孙家栋而言，"东方红一号"意义最特殊，最难以忘怀。

真正认识航天

每次坐在航天发射的指挥大厅里，听各个系统报告航天器状态，孙家栋就爱两个字："正常"。但"正常"背后，对"质量就是航天生命"的认识，是用几十年的血泪经验换来。

1974 年 11 月 5 日，我国发射第一颗返回式遥感卫星，这是孙家栋航天生涯中漫长而难熬的一天。

离火箭点火发射还剩几十秒的时候，卫星没有按照程序转入自己内部供电，这意味着火箭送上天的只是一个2吨重的毫无用处的铁疙瘩。

孙家栋脑子里"轰"的一声，这是天大的事情，他再也沉不住气，大喊"赶快停下来！"但按照航天发射程序，此时即使是孙家栋也没有发言权，他的喊停，既违反纪律，又冒着政治风险。发射场负责人尊重了孙家栋的意见，中止发射，检查并且排除了故障。

当天下午组织火箭再一次发射。"没想到，转眼间火箭掉头就下来了，对爆炸那是心里一点准备都没有。"孙家栋说，幸亏火箭还飞了21秒，否则整个发射场都没了。火箭随同卫星一起爆炸，所有人数年的心血随之化为灰烬。

孙家栋从地下指挥室出来，眼前的情形让他难抑泪水：冰天冻地的西北戈壁滩，已是一片火海，脚下的地面都让人感觉发烫。掉着眼泪的人们，才真正认识到搞航天的难度。当时，太阳已经靠近大漠戈壁的地平线，夕阳似血，仿佛是人们心情的写照。

三九天里，两百多人含着眼泪捡了三天，将沙地里一块块残骸捡起来，小螺丝、小线头，都不放过，捡回来后要把问题找出来。有的人心细，还拿筛子把混在沙子里的东西都筛出来。孙家栋鼓励大家不要灰心、不能丧气，不能被失败吓倒。最后实验证明，确实是一截外表完好、内部断开的小小导线酿成了这场大爆炸。

这种事情影响了中国航天几十年，也促成了航天质量体系和制度的建立。如今航天界有一个 5 句话组成的故障归零标准，"定位准确，机理清楚，问题复现，措施有效，举一反三"。

"最厉害的是'举一反三'，"孙家栋说，一个电子管零件坏了，火箭或者卫星上的所有仪器，都不能再出现同一批次的零件，不论好坏都不能用。"这是几十年血的教训积累。"

1975 年 11 月 26 日，一颗返回式遥感卫星冲出大气层，平安返回后，落在一片水稻田里。当时卫星没有设计挂钩，还是靠看热闹的老大爷出主意，用两根长木头，人们才喜气洋洋地把卫星抬上了汽车。当时，返回式卫星被认为是世界上最复杂和最尖端的技术之一，当时的世界一流航天强国美国和苏联也是经过多次失败才成功。

人生不需要选择

7 年学飞机，9 年造导弹，50 余年放卫星。对几次关键的人生转折，孙家栋说："国家需要，我就去做。"

1957 年 11 月 17 日，正在苏联留学的孙家栋在莫斯科大学的礼堂亲耳聆听了毛主席那番著名的话语："世界是你们的，也是我们的，但是归根结底是你们的。你们青年人朝气蓬勃，正在兴旺时期，好像早上八九点钟的太阳，希望寄托在你们身上。"

毛主席第一次讲，孙家栋第一次听，青年人的血液霎时沸腾，"那时候下了决心，国家需要你干什么事情，就去干"。

当初，因为等着吃学校里的一碗红烧肉，孙家栋遇到了报名参军的机会，他报了名，并当天入伍。之后到苏联留学，下定决心一辈子干航空，没想到回国后被选中造导弹，之后又转向放卫星，从此和航天结缘。对孙家栋来说，热爱祖国不是一句空话。

中国航天最困难的时期是改革开放初期，那时候连报纸也为航天鸣不平，讲"搞导弹的不如卖茶叶蛋的"。孙家栋还真的收到过沈阳一位老大妈叫她儿子代笔写来的信，信上说："我是卖茶鸡蛋的，听说你们搞航天的这么困难，我愿意用这几年卖茶鸡蛋挣的钱支援你。"

孙家栋看得直想掉眼泪，他给老大妈回了信。更重要的是，他再一次感到，任何一件事情要有自己的见解、自己的判别能力，基础就是对国家和事业的热爱。

20 世纪 80 年代末，担任航空航天工业部副部长的孙家栋从科技专家变成"商人"——和美国专家谈判，将中国航天引入世界舞台。

"我第一次带着代表团到美国去推销我们的火箭，大家从技术人员变成了商人，也不太懂商人这个行当。咱们国家生活条件也很困难，出差一天的生活补助就一到两美金，住宿的旅馆，外国人看来条件是比较低的。"孙家栋回忆说，那时候胆子真大，火箭还只是张草图就敢去推销。

他找到几位爱国华侨，说中国火箭要走入国际市场，请他们帮忙介绍一些美国的客户。华侨们都很热情，但最后提出一个问题："你们住在这样的旅馆里头，准备跟人家谈几千万美元的生意，谁能相信你们？人家不单不相信你是中华人民共和国的副部长，还以为你是骗子。"最后华侨们帮忙，代表团才住进了比较高级的酒店。

1990 年 4 月 7 日，长征三号运载火箭在西昌卫星发射中心将美国休斯空间公司的亚洲一号通信卫星成功送入预定轨道。休斯公司的董事长说，在休斯公司已经发射的 67 颗同步轨道卫星中，中国火箭的这次发射精度是最高的。

当时孙家栋坐在发射指挥大厅，当指挥员下达点火命令以后，大厅里面鸦雀无声，他甚至都能感觉到旁边几个人的心跳，这种极致的安静程度整整持续了 24 分钟。为什么会如此安静？后来一位老华侨的话或许给了孙家栋答案："中国卫星能打多高，国外华人的头就能抬多高。"

在孙家栋心里，中国火箭的成功，也将中国以外经历的"洋火时代"抛在了身后。

栋梁长于沃土

孙家栋爱笑，嫦娥一号卫星系统副总指挥龙江说，孙家栋的微笑很有魅力，难以形容，却能感染众人。在好几张和钱学森的合影中，六七十岁的孙家栋咧嘴大笑，像个孩子。

"我们那时就像一帮孩子，在钱老的指导和领导下工作。我当年刚来的时候，对导弹确实是一窍不通，虽然看过一些资料，但真正地干，还不行。"孙家栋回忆说。

1958 年，孙家栋从苏联留学回国。留学期间，从第一天开始一直到毕业，所有考试都是满分 5 分。但学航空的孙家栋回国后又被挑中去搞新中国第一颗导弹。

"我搞导弹，前几年就是学习，向老同志学习，向周围同事学习。"之后被调去搞卫星，还是继续向别人学习。

"我们航天领域有一句非常到位的话，就是'大力协同'。形成团队，除了共同学习，更要共同支持。离开集体的力量，个人将一事无成。"孙家栋说，航天事业风险非常大，但承担压力的绝对不是一个人，而是一个团队。

孙家栋说，当年搞火箭、卫星的时候，是卫星先做，还是卫星上的仪器先做，这么简单的事就搞不定。如果不是"你给我创造条件，我给你创造条件"，什么事都办不成，"中国航天真是一个集体。"

第一代航天人大概分为四个群体。一是以钱学森、任新民、屠守锷、庄逢甘等为代表的科学家，进入航天领域的时候都是40来岁，年富力强，起着带头作用；二是组建航天队伍时从部队里调来的身经百战的老革命，文化程度比较高，组织能力比较强；三是像孙家栋一样刚毕业的年轻人；四是一批有着工人阶级本色的老技术工人。

孙家栋搞导弹时，研究室指导员原来是东北第四野战军的团政委，在海南一个县里当过武装部长，十多万人的大会上坐过主席台，却来到这里领导二三十个"大孩子"。

"这批老革命确实为组建航天队伍起了重大作用，把队伍拉了起来，组织年轻人干事。"孙家栋说。困难时期，聂荣臻元帅给科技人员送来黄豆，要求这些政工干部一粒也不许碰，真就是一粒也没动过。

如今的航天系统工程，遵循着"两总"，也就是总指挥和总设计师两条线，雏形可能就是来自当时政工行政干部和科技人员的共同配合。

无论是造导弹还是放卫星，孙家栋长期负责航天工程总体技术，他对"总体"两字深明要义："所谓总体，就是要用最可靠的技术、最少的代价、最短的时间、最有利的配合、最有效的适应性和最有远见的前瞻性，制订出最可行的方案，保证获得最好结果的一种方法和体制。"

航天事业是千人、万人、大家共同劳动的结果，擅长"总体"，实际上正是融合团队、凝聚团队和发挥团队力量的一种能力。

"他非常注重培养年轻人。"04岁就担任嫦娥一号卫星系统副总指挥的龙江说。通过航天工程实践，孙家栋培养了像龙江这样的一批优秀航天科技人才，不断充实到航天人团队中。在发掘年轻人这一点上，他和赏识他的钱学森有着相似之处。

"从第一枚火箭和第一颗卫星开始，钱老带领我们这支队伍，团结友爱，逐步形成了航天精神，这种精神现在还在传承。"孙家栋说，"我热爱我们的队伍，我们是心心相印。"

从一个圈飞向另一个圈

航天人这一辈子，打失败了哭，打成功了也哭。

2007年10月24日，第一颗探月卫星"嫦娥一号"在西昌卫星发射中心成功发射。10余天后，经过40万千米的星际飞行，"嫦娥一号"顺利抵达月球并实现绕月。中华民族终于圆了千年的奔月梦想。

航天飞行指挥控制中心内，人们欢呼跳跃、拥抱握手一刻，电视镜头捕捉到了这么一个镜头：孙家栋走到一个僻静角落，悄悄地背过身子，掏出手绢偷偷擦眼泪。

孙家栋说，当时的心情，一方面为国家为民族感到自豪，另一方面也感觉到航天这个集体没有辜负国家和人民的期望，这两种心情掺和在一起，加上压力突然一释放，感情就难以自抑。

2004 年出任探月工程总设计师时，孙家栋 75 岁。探月工程风险太大，很多人认为，这个工程一旦出现问题，已是"两弹一星"元勋的孙家栋 70 多岁前的辉煌历史会受影响。探月工程副总设计师张荣桥说："他是怀着对中国航天事业的满腔热情来的。"

"当时最大的挑战，就是第一次进入深空。卫星跑出地球 40 万千米，是第一次。以前所有卫星都只和地球有关系，属于双体运动。'嫦娥'离开地球去月球，变成三体运动，也是第一次。"孙家栋肩上不能说没有压力。

当年"东方红一号"完全可以早一些发射升空，但为了确保万无一失，在 1969 年底又用 3 个月时间对卫星进行质量复查研究，最后终于放心地把卫星放上天。足见第一次发射卫星的难度。

孙家栋再次显露总设计师的本事，化繁为简，利用火箭、卫星和航天测控系统，确定了"嫦娥奔月"方案。当嫦娥卫星一发射出去，人们看到的是一串串数据，一条条曲线。但在孙家栋眼里，速度曲线往上抖或者往下抖，所代表的卫星状态，他是清清楚楚。卫星被月球成功捕获一刹那，速度值有个拐点，孙家栋感觉自己的心都要跳出来。

孙家栋外衣胸口经常别着一个航天标志的圆形徽章，标志中间是个类似火箭的形状，往外是三个圈，分别代表三个宇宙速度，也代表人类航天梦想的三个阶段。他为之奋斗了几十年。

发射完"嫦娥"后，孙家栋走到了最内圈和第二个圈之间：摆脱地球引力，活动空间扩展到了太阳系。"中国航天的下一个发展目标，应该是有能力到达太阳系的任何角落。"他说。

传奇仍在继续

2010年，中国航天进入高密集发射阶段，仅北斗导航卫星，就发射5颗。孙家栋是北斗卫星导航工程总设计师。加上担任嫦娥二号任务的高级顾问，这一年光是西昌卫星发射中心和西安卫星测控中心，81岁的他就已去了近20次。老伴给他买的布鞋，一年磨破好几双。

"我数也不数了，你走就走吧。"老伴魏素萍略带埋怨说，老了老了该歇歇了，"但国家需要，那你怎么办？！"

有关单位的领导来看望孙家栋夫妇时，恳切地对魏素萍说："魏阿姨，我们知道您有意见，但这个任务就只能他来做，他坐在那里，就是无形的支持。"

"没有聊天的时间，也没话题。"魏素萍说，孙家栋回到家，有时候甚至一句话都不说，她闷的时候只能对着墙说话。

1967年，孙家栋的女儿出生，当时他正有任务在身。魏素萍没有给丈夫打电话，孙家栋没来电话她也不生气，一个人要了个板车自己去了医院，孩子出生时孙家栋也不知道。护士看不下去，都是航天系统的，直接给孙家栋打电话，"孙主任，你爱人给你生个大胖姑娘，不过来看看？"

孙家栋心里有歉意，但嘴上不说，时刻找机会弥补。一次出差，他跑到专门卖女鞋的店，想给老伴买双鞋。他变戏法似的拿出一张纸，是在家时候比着老伴的脚画好，剪好带在身上，在场的人既惊讶又感动。

有一年，魏素萍因为脑血栓，身体半边麻木，胳膊和手不听使唤，但一年后，她奇迹般地康复，这一年里孙家栋的体重减了 20 斤。

在魏素萍眼里，"这个人头脑就是简单，除了工作，其他都不想，还是个英雄？"

但她又说："下辈子还嫁给孙家栋。"

穿戴普通，冬天头上扣着一顶有些褪色了的红色毛线帽，孙家栋看着就是个平常老头。2007 年，"嫦娥任务"后，孙家栋回到北京，和老伴出门打出租车。一上车，司机就看出来了，问，"您是搞航天的吧？"然后又加了一句，"我特别爱好航天。"

让给自己的航天生涯打个分，他怎么样也不肯。后来实在拗不过，他说要是 5 分制，就打 3 分。打完分，他很不好意思，"自己已经感觉打得很高了。"他说，航天已经成为自己生命的一部分。中国航天事业对民族而言太重要了，在航天这个团队里，自己愿意有多少力尽多少力，决不保留。

从航天大国走向航天强国的路上，这个航天老人的传说仍在继续。

吴文俊：数学 = 爱创新 + 不盲从 + 淡名利

吴文俊，1919 年出生于上海，1940 年本科毕业于上海交通大学，1949 年获法国国家博士学位，1951 年回国，先后在北京大学、中科院数学所、中科院系统所、中科院数学与系统科学研究院任职。他曾任中国数学会理事长、中科院数理学部主任、全国政协常委、2002 年国际数学家大会主席、中国科学院系统所名誉所长，1957 年当选为中科院学部委员（院士）。

吴文俊曾获得首届国家最高科技奖（2000 年）、首届国家自然科学一等奖（1956 年）、首届求是杰出科学家奖（1994 年）、邵逸夫数学奖（2006 年）、国际自动推理最高奖——埃尔布朗自动推理杰出成就奖（1997 年）等。

2017 年 5 月 7 日 7 时 21 分，首届国家最高科技奖获得者、著名数学家吴文俊院士因病医治无效，在北京去世，享年 98 岁。

熟悉吴文俊院士的人，都说他可爱开朗、充满活力，对未知的领域永远充满着好奇心。基础研究是"好奇心驱动的研究"，正是这种好奇之心，驱使着吴文俊在数学王国里自由探索，乐此不疲。

"数学研究机械化是脑力劳动机械化的起点，我们要打开这个局面"

1956 年，一位 37 岁的年轻人因其在拓扑学上的杰出成就，与著名科学家华罗庚、钱学森一起，获得国家自然科学一等奖；第二年，他便当选当时最年轻的中国科学院学部委员（院士）。

这个一鸣惊人的年轻人便是吴文俊。

拓扑学主要研究几何形体的连续性，是许多数学分支的重要基础，被认为是现代数学的两个支柱之一。吴文俊把当时在世界范围内基本上陷入困境的拓扑学研究继续推进，取得一系列重要成果。其中最著名的是"吴示性类"与"吴示嵌类"的引入和"吴公式"的建立，并有许多重要应用被编入名著。数学界公认，在拓扑学的研究中，吴文俊起到了承前启后的作用，极大地推进了拓扑学的发展。

在很多人看来，"靠这个都可以吃一辈子了"。但功成名就的吴文俊并没有就此停滞不前，而是不断地向数学的未知领域进发。

"吴先生认为，为了使中国数学达到'没有英雄的境界'，重要的是要开创属于我们自己的研究领域，创立自己的研究方法，提出自己的研究问题。"中科院院士郭雷说："比如，1976 年，年近花甲的吴文俊敏锐地觉察到计算机具有极大发展潜力，认为其作为新的工具必将大范围地介入到数学研究中来，于是义无反顾地中断了自己熟悉的拓扑学研究，开始攀越学术生涯的第二座高峰——数学机械化。"

实现脑力劳动机械化，是吴文俊的理想和追求。"工业时代，主要是体力劳动的机械化，现在是计算机时代，脑力劳动机械化可以提到议事日程上来。"他说："数学研究机械化是脑力劳动机械化的起点，因为数学表达非常精确严密，叙述简明。我们要打开这个局面。"

1977 年，吴文俊关于平面几何定理的机械化证明首次取得成功，从此，完全由中国人开拓的一条数学道路铺展在世人面前。

几十年来，吴文俊不仅提出了"吴公式""吴示性类""吴示嵌类""吴方法""吴中心"，更形成了"吴学派"。这一近代数学史上第一次由中国人开创的新领域，吸引了各国数学家前来学习。

"外国人搞的我就不搞，外国人不搞的我就搞，这是我的基本原则"

在同事、朋友和学生们的印象中，开朗爱笑的吴文俊很少发火。但有一次他真的是"发火"了！

那是在吴文俊从事数学机械化研究初期，他的研究方向受到不少人的质疑和反对，被认为是"旁门左道"。一次，一位资深数学家当面质问他："外国人搞机器证明都是用数理逻辑，你怎么不用数理逻辑？"吴文俊激动地回答："外国人搞的我就不搞，外国人不搞的我就搞！这是我的基本原则：不能跟着外国人屁股走。"

吴文俊之所以能在数学研究中取得一系列杰出成就，正是因为他始终保持着这样的创新激情。"吴先生认为，创新不是年轻人的专利，学术生命应该是能够终身保持的。"郭雷说。

是的，创新和对新事物的好奇与探索并不是年轻人的专利，吴文俊也正是这样以身示范的。

20世纪70年代，年近六十的吴文俊决定学习计算机语言。他亲自在袖珍计算器和台式计算机上编制计算程序，尝尽了在微机上操作的甘苦。"那时计算机的操作可不像现在的计算机这么简单方便。"吴文俊曾说。

在利用HP-1000计算机进行研究的那段时间内，吴文俊的工作日程每天都被安排得满满当当。清早，他来到机房外等候开门，进入机房之后便八九个小时不间断工作；下午5点钟左右，他步行回家吃饭，并利用这个时间抓紧整理分析计算结果；到傍晚7点钟左右，他又到机房工作。有时候他甚至午夜之后才回家休息，清晨又回到机房。为了节省时间，当时他读小说也只读短篇，怕长篇误事，耽搁时间。

"不为获奖而工作，应为工作而获奖"

桂林航天工业学院院长、党委副书记吴尽昭是吴文俊的学生，在他印象里，老师虽成就斐然，但始终淡泊名利。

"先生常对我们说，'不为获奖而工作，应为工作而获奖。'这正是先生长久以来对待荣誉的态度。读博期间到先生家里学习拜访，满室书卷是先生家里最大的特色，从没见过任何奖杯奖状被摆放出来。"吴尽昭说，"他不肯从数百万的巨额奖金中拿出一部分改善生活条件，却用来开展自主选题的研究，支持优秀项目。"

"吴先生衣着朴素，谈吐随和。"合肥工业大学教授李廉谈起吴文俊给自己留下的印象:"20 世纪 80 年代末,吴先生随政协考察团来甘肃,8 月底,天气还比较热,吴先生一身短裤短衬衣,背了一个很普通的挎包,一个人从下榻的宾馆走到兰州大学来找我,令我十分惊讶又感慨万分……在吴先生身上,我真正领会了如何去做一个纯粹的人的道理。"

郭雷对此也印象深刻:"多年来,每次到吴先生家拜访都发现客厅陈设依旧,十分简朴。在我眼里,吴先生是一位真正的大学者。"

"搞学术研究要有发展眼光、战略眼光和全局观念"

吴文俊之所以能达到很高的学术境界,除了他具有强烈的创新激情外,还源于他广泛兴趣,始终保持一颗纯净的心灵。吴文俊被老伴儿笑称"贪玩",活力不亚于年轻人。

有一次,吴文俊和同事们一起去香港参加学术研讨。活动间隙,当时年逾古稀的他竟然自己偷偷溜去游乐园坐过山车,还玩得不亦乐乎。还有一次在澳大利亚,吴老"顽皮"地将蟒蛇缠在脖子上,吓得旁人纷纷后退,直冒冷汗。

生前,每当提起这两次经历,吴老说只是觉得好玩、好奇,自己也想试试。

工作之余,吴文俊还有很多"时髦"的爱好,比如看看围棋比赛,去小店喝喝咖啡,到影院看看电影,读读历史小说。

吴文俊说,读历史书籍、看历史影片,帮助了他的学术研究;看围棋比赛,更培养了他的全局观念和战略眼光。"别看围棋中的小小棋子,每个棋子下到哪儿都至关重要,所谓'一着不慎,满盘皆输'。我们搞学术研究也是这样，要有发展眼光、战略眼光和全局观念，这样才能出大成果。"

"吴先生虽然兴趣广泛，但他认为，为了把研究目标搞清楚，就得有所牺牲。他是通过对有些方面'不求甚解'，省出时间来，对某些方面求其甚解、理解得比所有人都深入。"郭雷说。

刘永坦：为祖国海疆装上"千里眼"

刘永坦，1936年12月出生，中国科学院院士，中国工程院院士，哈尔滨工业大学教授。

他先后于1991年和2015年两次获得国家科技进步一等奖。率领团队全面自主创新，实现对海新体制探测理论、技术的重大突破。耄耋之年的他仍奔波在教学、科研一线，为筑起"海防长城"贡献力量。

2019年1月8日，因在我国对海探测新体制雷达研制中做出的开创性贡献，82岁的刘永坦站到了2018年度国家最高科学技术奖的领奖台上。

对标国际，提出研制新体制雷达

1981年秋天，45岁的刘永坦心中萌生了一个宏愿 —— 研发中国的新体制雷达。

当然，这个宏愿并非凭空而来，而是源自他在英国伯明翰大学的一段学习经历。

伯明翰大学电子工程系拥有丰富的文献资料和先进的试验设备，那里聚集着一大批雷达技术的知名专家和学者，刘永坦的导师谢尔曼便是其中之一。

那时，谢尔曼正主持一项重大科研项目 ——"民用海态遥感信号处理机"，刘永坦有幸参与其中。"传统的雷达有'千里眼'之称，但也有很多'看'不到的地方。"刘永坦说，"那时候有几个大国都致力于研制能够'看'得更广更清的雷达"。

刘永坦所说的这种"超级"雷达就是新体制雷达，对航天、航海、渔业、沿海石油开发、海洋气候预报、海岸经济区发展、国防等领域都具有重要作用。

"中国必须要发展这样的新体制雷达！这就是我一定要做的！"说干就干！回国后，刘永坦立马着手筹备。

刚提出这个设想时，没有多少人相信和支持他。

但是刘永坦却说："这项技术我们如果不去研究掌握，等别的国家发展好了，我们再去跟，那肯定是要落后的。"

国家需要，就是奋斗的方向

这注定是一场填补国内空白、从零起步的攻坚战。经过刘永坦的不懈努力，新体制雷达研制项目获得了航天工业部的经费支持，得以立项。刘永坦立即组织团队拟定出了一份20多万字的《新体制雷达的总体方案论证报告》。

接下来的战斗更加艰苦卓绝。

除了基本思路外，刘永坦根本找不到多少资料，一切从零开始……经过团队 800 多个日日夜夜的努力、数千次实验、数万个测试数据的获取，项目的关键技术终于得到突破，新体制雷达从预研项目被正式列为国家科技应用与基础研究项目。

刘永坦团队在获得理论突破后，很多人觉得他们完全可以"见好就收"了。

但是，刘永坦说："要做国家需要的实用化新体制雷达，这是我努力和奋斗的方向。"他带领团队建成中国第一个新体制雷达站，完成中国首次对海远距目标探测试验，成功研制出国际领先的新体制对海远程探测雷达，等等。

经过刘永坦和团队成员们的努力攻关，中国的新体制雷达终于从梦想成为现实，成为世界上少数几个拥有该技术的国家之一。

虽然清贫，却干得有劲觉得光荣

在接受采访时，刘永坦一再强调，新体制雷达研制成功离不开国家的支持和团队的协作，是大家集体智慧的结晶，当刘永坦一次又一次做出为大义舍小利的决定时，团队成员们从来都是义无反顾地全力支持和配合。

团队骨干许荣庆、张宁、权太范、邓维波、于长军、马子龙、张庆祥等人都表示：刘老师艺高胆大，又善于将大家团结在一起，协力攻关，跟着刘老师干有信心。

"国家把这么重要的项目交给我们做，这是我们最大的荣耀。我们团队的队员尽管清贫，却干得有劲、觉得光荣。"刘永坦说。

如今，刘永坦的团队已从最初的 6 人攻关课题组发展成了几十人的大团队。尽管已经斩获诸多大奖，但团队前进的脚步仍在继续。"接下来我们希望能把现有的新体制雷达进行小型化，使得它的应用更加灵活、广泛。"刘永坦说。

顾诵芬：用一生践行航空报国

顾诵芬，1930年生，江苏苏州人，飞机设计专家，中国自行设计、制造的高空高速歼击机的主要技术负责人之一，1951年毕业于交通大学航空工程系，历任工业部航空工业管理局工程师，沈阳机械制造厂设计室空气动力组组长，中国航空研究院飞机设计所副总设计师、总设计师、副所长、所长，沈阳飞机制造公司总设计师，航空工业部科技委员会副主任、高级工程师。

顾诵芬院士直接组织、领导和参与了低、中、高三代飞机中的多种飞机气动布局和全机的设计。在国内首创两侧进气方案；抓住初级教练机失速尾旋特点，通过计算机翼环量分布，从优选择了机翼布局；消化吸收国外机种的技术，利用国内条件，创立超音速飞机气动设计程序和计算方法；解决了方向安定性和排除抖振等重大技术关键，确保了飞机定型；利用系统工程管理方法，把飞机的各专业系统技术融合在一个总体优化的机型内。

2021年11月3日2020年度国家科学技术奖励大会在北京人民大会堂隆重召开，顾诵芬院士获国家最高科学技术奖。

立志航空报国

顾诵芬出生于江苏苏州一个书香门第，祖父顾元昌在书法上颇有造诣，父亲顾廷龙是我国著名的国学大师。大家以为顾诵芬长大后一定会继承父亲的事业，致力于弘扬传承中华民族优秀文化。然而，一场战争彻底改变了他的人生方向。

1937年，"七七事变"爆发，日本侵略者的飞机在中国国土上狂轰滥炸。当时顾诵芬就暗下决心，"如果没有飞机，我们国家将来还是要受人欺负，我长大要设计飞机，保卫祖国"。

顾诵芬的理想与祖国的发展同频共振。1951年，他以优异的成绩毕业于上海交大航空工程系动力学专业。毕业那年，正是抗美援朝战争的关键时期，我国急需建立自己的航空工业，那一届的航空系毕业生也全部分配到中央新组建的航空工业系统工作。

初创时期，航空工业局的主要任务就是修理、仿制苏联支援的各型飞机。顾诵芬被分配到制图组，每天的工作就是描图、抄数据、翻译苏联图纸……按照当时苏联飞机的设计规范，只有设计局才有权更改飞机设计，而当时中国的工厂充其量只是复制厂，无权改动设计规范。每次遇到这样的问题，他们只能写报告给苏联航空工业部，等待回复，可是常常一等就是大半年。

一无所有，一穷二白，受制于人，这样的滋味不好受。从那时起，顾诵芬就认定：航空报国没有捷径可走，只有自力更生。设计中国人自己的飞机，这个目标就像一团火焰照亮了他整个人生。

顾诵芬梦寐以求自行设计制造飞机的理想正与当时中国航空工业的决策者不谋而合。彼时，刚刚成立的新中国需要建立强大的空军，需要创建强大的航空工业，也需要培育独立自主的航空科研和飞机、发动机研究、设计以及制造的能力。1956年，沈阳飞机设计室成立，顾诵芬义无反顾地离开了北京，来到沈阳。他接受的第一个任务是设计一种喷气式中级教练机的气动布局。当时，苏联设计的飞机进气道在机头。为了提升性能，顾诵芬大胆打破常规，采用了两侧进气。经过反复试验，飞机用时1年零9个月就首飞成功，比日本、捷克、波兰等先于我国设计同类飞机的国家提前了1年多。

在歼8飞机的研制中，顾诵芬发现发动机喷流对飞机平尾效率有很大影响。当时，国内尚无进行喷流试验条件和试验方法，他带领设计部门与风洞试验单位联合攻关，在国内第一次创建了歼击机喷流影响试验方法，发现了喷流影响规律，该试验方法也成为后来确定发动机喷流影响的基本方法。

歼8飞机的研制成功结束了我国歼击机完全依赖引进的历史。歼8系列飞机共衍生16种型号和技术验证机，是我军20世纪的主战装备。歼8系列飞机的研制，牵引构建了较为完善的航空工业体系，促进了冶金、化工、电子等工业的发展。

办法总比困难多

1969年7月5日，歼8完成首飞。虽然首飞成功，但在跨音速飞行试验中出现了因气流分离导致的抖振问题。用飞行员的话说，就像一辆破公共汽车，开到了不平坦的马路上。

对于引起振动的原因，专家们看法不一。当时，试飞员鹿鸣东的一句话令顾诵芬大受震动——"你们就大胆试，需要我怎么飞，我就怎么飞。""试飞员可以为了祖国的战机献出生命，科学家为什么不可以？"顾诵芬做出一个大胆的决定：亲自上天观察歼8飞机，找出问题所在。

据飞机空气动力学专家、中国科学院院士李天回忆，由于顾诵芬的另一位师长——歼8飞机首任总设计师黄志千不久前因飞机失事不幸遇难，顾诵芬的爱人江泽菲曾和他约定：不再乘坐飞机。

为了心中的理想和信念，顾诵芬不畏生死考验。从未接受过飞行训练的他说服领导、瞒着家人，三上云霄。他后来说，上天的风险确实比较大。为了观察清楚，两架飞机必须保持近距离等速飞行，两架飞机的间距在10米左右甚至更近，稍有不慎，后果不堪设想。但顾诵芬根本没考虑这些，一心只想着解决问题。

在7000米高空，顾诵芬举着望远镜细细观察，用照相机拍摄飞机的动态，他还创新性提出在歼8飞机后机身和尾翼上贴毛线条，把毛线条的流动情况详细地记录下来，以判断产生振动的原因。"办法总比困难多，这话到啥时候都没错。"通过仔细观察，他们终于找到了症结所在，改进相关技术，加装了整流罩，解决了歼8跨音速飞行时的抖振问题。

向航空科技的巅峰攀登，总是面对一个接一个的困难和挑战。顾诵芬认为，如果说科学家有什么超能力，那就是遇到难题，总是记在心里，反复思考，反复试验，直到最后找到解决问题的方法。年事已高的顾诵芬依然在为中国航天事业的发展不断思考。"航空工业如何突破'卡脖子'的关键专业和技术问题，相信一代代科学家直面问题，潜心钻研总能找到答案。"顾诵芬说。

一生以书为伴

顾诵芬一生酷爱读书，认识他的人都知道，除了吃饭、睡觉、工作，他唯一的爱好就是读书。

顾诵芬认为，读书是获取知识的重要来源。"好多事情你要做，那就不能凭空想，必须找一些材料，需要认真读书。另外，只读书不去用、不去想，那是空的；不读书，净想事儿也是空的。"

读书还是解决问题的有效方法。一次，为了解决歼教 1 机身两侧进气的难题，顾诵芬专门从沈阳跑到北京找资料。"北航图书馆白天学生在用，所以我只能晚上骑一辆借来的自行车去查资料。"顾诵芬回忆，为了尽可能准确，他用硫酸纸把图描下来，自己动手"影印"。顾诵芬说，要赶超世界先进水平，必须掌握先进的科学技术知识，不学不行啊。

为了缩小中国航空技术与其他国家之间的差距，顾诵芬努力学习外语，他英语基础本就很好，加上工作后仍然坚持学习，口语、笔译等方面的能力在全行业内都是首屈一指的。参加工作后，为了更好地开展工作，他又自学了俄语，亲自翻译和校对了大量书籍和资料；为了拓展知识，他还自学了日语和德语。

中国工程院院士杨凤田回忆说："他的脑子对资料的储存量真不亚于一台计算机。每当我在工作中碰到一些技术问题，他都能立即给出 NASA 或 AGARD 报告号，我一查，果然是要参考的内容。"

中国科学院院士李天则赞叹："他就像一个活图书馆。之所以有这个本领，一是他勤奋学习，抓紧一切时间读书；二是他有惊人的记忆力，看过一遍就记住了。"

直到现在，顾诵芬在北苑陈旧的办公室也仍像一座"书的森林"，而他能清楚地记得每一本书的位置，甚至记得每一本书的内容。如果有人来找他探讨某项技术，他会站起来走向书架，几乎不假思索地抽取一本书或刊物，翻到某一处，指给来者看。就在这样一个狭小简陋的环境里，他敏锐地关注着国际航空前沿科技发展的动态，思考着未来的发展。他说："现在科技发展快，不学习就跟不上形势的变化。了解航空的进展，就是我的晚年之乐。我现在能做的也就是看一点书，翻译一点资料，尽可能给年轻人一点帮助。"

第二章

探索勇士

林俊德：大漠铸核盾，生命写忠诚

林俊德，福建永春人，中共党员，1938年3月出生，1960年9月入伍，少将军衔，中国工程院院士，我国爆炸力学与核试验工程领域著名专家，2012年5月31日20时15分病逝在工作岗位上。

林俊德参加了我国全部核试验任务，为我国国防科技事业作出了卓越贡献，曾获国家科技进步奖3项、国家技术发明奖2项、军队和部委级科技进步奖20余项，1999年特邀出席"两弹一星"突出贡献科技专家表彰大会，荣立一等功、二等功各1次，三等功2次。

戈壁里的一朵马兰花

他叫林俊德，没有多少人知道他。

他是院士，也是将军，一辈子坚守在罗布泊。他参加过我国所有的核试验。

他个子不算高，微胖，笑的时候嘴唇略显厚，脸更是会圆起来。

这是他平常时候的模样。但在2021年11月，他因为癌症晚期，病情严重，住进了西安唐都医院，瘦得厉害，脸颊凹陷，额头显得特别突，几乎让人认不出来。他戴着氧气面罩，身上插着输液管、导流管、减压管，有时还有从鼻腔直通到胃里的三米长导管……最多的时候他身上插着十多根管子。这个样子，他仍坐在临时搬进病房的办公桌前，对着笔记本电脑，一下一下挪动着鼠标，每挪一下，都能让旁边的人心颤一下。

电脑里有关系到国家核心利益的技术文件，藏在几万个文件中，只有他自己才能整理，还有自己的科研思考，学生的培养方案，他都要系统整理，怕耽误学生的论文答辩和毕业。他知道自己的病情，时间有限，要尽快。

他一开始就问医生，做手术和化疗以后能不能工作，医生回答不能，于是他放弃了进一步治疗。因为住重症监护室不能工作，他难得地用将军的威严命令大家将他转到普通病房。在病房工作间歇，他休息也要坐着，怕躺下就起不来了。

他希望活得有质量，说不要勉强他，现在需要的是时间而不是进行手术。与其治疗后卧床不起，不如最后争取点时间。他是闽南人，当时的劲头，就像他1960年大学毕业后西出阳关，一头扎进戈壁大漠一样倔强。

同事、学生、朋友、亲人赶到医院看望他，他说："我没有时间了，看望我一分钟就够了，其他事问我老伴吧。"他让老伴在医院附近找了一间房子，专门接待来访人员，即使从闽南山区远道而来的亲人也是如此，没有商量余地。他继续在病房吸着氧气按着鼠标。插着管子工作没有效率，他两次让医生拔掉引流管和胃管。

他是癌症晚期，肚子里都是胀气和腹水，身上抽出过2800多毫升积水，心率、呼吸快得接近正常人的两倍，严重缺氧时，平常的喘气频率比刚跑完百米赛还剧烈，但他从没因疼痛在人前发出一声呻吟。只有当医生凑近问怎么样时，他才说有点儿不舒服。

2012年5月3日早上，他的病情急剧恶化。上午，他要求、请求甚至哀求，想尽各种办法下床工作，两个小时里，他求了9次。不忍心他最后一个愿望都不被满足，他终于被允许下床活动。半小时过去，他的手颤得握不住鼠标，眼睛也渐渐看不清，几次问女儿眼镜在哪，女儿说，眼镜戴着呢。这时候，很多人已经忍不住跑出去痛哭起来，怕林俊德听到哭声，还要使劲捂着嘴巴呜呜地哭。

他又接着工作了1小时。生命中的最后5个小时里，他陷入了昏迷，但不时又能听到他在嘴里念出"ABCD""1234"，这些都是他在电脑里给文件夹排的次序。

老伴紧紧攥着他的手，贴着他的耳边，翻来覆去地说："老林啊老林，这是我第一次把你的手握这么长时间。40多年了，你现在终于属于我了……"

2012年5月31日20时15分，他的心脏跳动不起来了，也不会再哀求着起床。他依然没做完他的工作，他在电脑上列了个提纲，5条提纲的内容没有完全填满，"家人留言"这一条完全是空白。

54岁的医院科室主任张利华扑通跪了下来，对着床头说，"林院士您安心地走，剩下的工作我们后人会接着完成。"张利华看了30多年的病人，像这样面对自己生死的病人，是第一次见到。

得知他的离去,"两弹一星"功勋科学家、中科院院士程开甲写下一句话:"一片赤诚忠心,核试贡献卓越"。

林俊德早早跟老伴安排了三个遗愿:一切从简,不收礼金;不向组织提任何要求;把他埋在马兰。最后一个,他也在病床上哑着声音和基地的司令员说过,算是他的一个要求。司令员听完转身,泪打湿了满脸。

罗布泊边缘的马兰,是他最惦念的地方,在那里,他和所有人一样,干着惊天动地的事,也做着隐姓埋名的人。人人都是戈壁里的一朵马兰花。

在他去世的季节,马兰小院里的草长高了,杏也熟了,正等着他回去。他说过,院子里的草不要拔,让它们自由生长,戈壁滩长草不容易。

自己的抉择

林俊德这辈子有三个没想到:上大学,做将军,当院士。他最初也没想到,会把个人和国家命运绑得这样紧。

1964 年 10 月 16 日 15 时,罗布泊一声巨响,蘑菇云腾空而起。现场总指挥张爱萍将军向周恩来总理报告,我国第一颗原子弹爆炸成功。

周总理在电话里谨慎地问:"怎么证明是核爆成功?"现场指挥帐篷里顿时一片肃静。正好,程开甲带着 26 岁的林俊德匆匆赶到,林俊德说:"冲击波的数据已拿到,从记录的波形和计算的数据证明,这次爆炸是核爆炸。"张爱萍看了看眼前不太面熟的年轻人,激动地拍了拍他满是尘土的肩膀说,你们立了大功。

当时林俊德带头负责研制的钟表式压力自记仪,样子像一个罐头盒,用来测量核爆炸冲击波。这是他拿自行车轮胎和闹钟等，用土办法搞成的"自主高科技"装置，这个装置不仅获得了当时证明核爆炸的重要数据之一，还拿到了国家发明奖。那时候，他从浙江大学毕业也才4年。

林俊德的家乡在福建永春大山深处一个偏僻乡村，少年时家中一贫如洗，曾经辍学，后来靠着政府资助上完了中学、大学，在大学里曾打着赤脚上课。从浙江大学机械系毕业，他分配到单位，实际上他是被单位专门挑来的，到了单位后他才知道，国家正在西北建设一个核试验场，把他挑过来，就是去核试验场工作。

虽然当时对核试验知道得不多，但他一听能跟国家命运联系得这么紧，就非常激动了。他一辈子被人看作是学习狂和工作狂。在他的日程表里，搞研究、做实验、带学生几乎占去所有的时间。即使在70岁以后，他一年也只休息三天：大年初一、初二、初三。

他说，成功的关键，一个是机遇，一个就是发狂。

所以在生命的倒数第二天，当他回首往事，欣慰地说了两句话："我这辈子只做了一件事，就是核试验，我很满意。"并且，"咱们花钱不多，做事不少。咱讲创造性，讲实效，为国家负责。"

第一颗原子弹爆炸之后，1966年底的首次氢弹原理性试验是在高空引爆，冲击波测量也在高空进行。仪器要在零下60摄氏度的低温下工作。为了创造低温环境，他和同事们背着仪器，在海拔近3000米的山顶待了一宿。

冬天漠风凛冽，山顶更是冰封雪冻。夜晚刺骨的寒风像针一样往身体里扎，又在每个人的鼻尖、胡子、眉毛上结上一层白霜。手冻僵了，脚麻木了，身子不停哆嗦……可一看温度计，才零下20多摄氏度。

他们还抱怨："这鬼天气，就不能再冷一点吗？"

后来，他们采用高空气球放飞试验解决了这个问题，赶在试验开始前研制出高空压力自记仪，为飞机投放氢弹的安全论证提供了科学依据。

核试验从大气层转入地下后，他又带着同事解决"地下核爆炸力学测量"这个当时的难题。经过20多年的艰苦攻关，先后建立10余种测量系统，为国家的地下核试验安全论证和工程设计提供了宝贵数据。

他善于啃硬骨头，也常教自己的学生要敢于啃硬骨头。他的23个学生，个个都成为各自领域的专家。他走的那晚，学生们亲吻着他的手，长跪不起，希望昏迷中的他能抬抬手指，像父亲一样抚摸一下自己的头。

他军龄52年，他们这一代人，一辈子自主的人生选择不多，做核试验也不是个人的选择。但在戈壁大漠像胡杨树一样，扎根半世纪，是他自己的抉择。

对事情一丝不苟

林俊德是搞核试验的，说自己一不怕苦，二不怕死。现在，这两个都成了不折不扣的事实。

他研究爆炸力学，和炸药打交道。为了拿到第一手资料，他每次尽可能地离炸药近一点。

一次在野外，等了好久炸药都没响，他用对讲机冲其他人大声喊："你们都不要动，我来弄。"说着就走上前，快到炸药放置点时，他再次回头对跟在后面的人说，趴下，不要抬头。自己却亲自上阵，排除了险情。

他经常要在核爆后第一时间去抢收数据。有一次，车坏在路上，他看到司机带着防护罩修车进度很慢，就先把自己的防护罩摘下来，证明没有危险才让司机也取下，提高修车效率。

林俊德的学生说，为了拿到第一手资料，老师常年奔波在实验一线。凡是重要实验，他都亲临现场，拍摄实验现象，记录实验数据。这是他的专业需要，也是习惯。

每做一次实验，他都建一个档案，就像纪录病人的病历一样，几十年从没间断。谁需要资料、数据，都能在他那儿很方便地找到。

简便实用、讲求实效，也是他一贯倡导的。他常对学生说，科学就是用简单的办法达到理想的目的。

为解决实验所需的铅皮，他发明了用钢棒手工擀制的办法，像擀饺子皮一样，把1毫米厚的铅皮擀成了0.2毫米。为了找到力学实验的理想材料，他出差途中买了一块特殊木材做成的菜板，锯开分析密度和硬度。就连戈壁上的沙子，也被他用来作为实验所需一种特殊材料，解决了技术难题，也节约了大量经费。

病中留下的工作笔记上，他一笔一画绘下了保险柜开锁示意图，密码盘、固定手把、开门把手，以及三位密码刻度的标示，清晰明了。还有详细的文字，第一步干什么，第二步干什么……

他一丝不苟的程度，有点像人们所说的极致。

林俊德的"三个不"

2012 年春节刚过，一封近 5000 字的长信，摆在了基地司令员的案头，是关于基地建设发展的想法，言辞激烈，语气率直。信是林俊德写的。

在林俊德住院期间，他和来看望他的基地司令员闭门谈了一个多小时。

他说话硬，直来直去，不绕弯子。乍一听，难以接受，时间长了，都知道他不玩虚的，一辈子有自己的做事和做人原则。就像他去世前说自己，"我不善于交际活动，实事求是搞科学。"

凡是和他有过接触的人，都知道他讲原则这个说话不是假的。他参加学术评审会，从来不收评审费，不让参评人员上门拜访。交给他的学术材料都是通过邮局或其他人捎带的，他只要材料，不要见人。科研成果报奖时，他总是把自己名字往后排，不是自己主持的项目坚决不挂名。平时别人的请客吃饭他概不参加，就喜欢自助餐。讨论会上该说就说，不管在座官大官小。

他有"三个不"：不是自己研究的领域不轻易发表意见、装点门面的学术活动坚决不参加、不利于学术研究的事情坚决不干。

2005 年，东北有一所大学邀请他担任名誉教授。他说："我们研究领域虽然接近，可是距离太远，鞭长莫及的，我给不了什么指导，这挂名教授我还是不当了。"

面对一次评审会会议主办方邀请他当主审的请求，他老老实实地说："第一成果跟我研究方向有点关系，但也够不上当主审，第二成果不是我的研究领域，我当不了评委，你们抓紧时间再找人吧。"

他说，自己虽然是院士，但只算得上某个领域专家，不可能样样都懂，样样都精。而且专业越深就越窄，别的懂的就越少。

他工资不低，所以掏钱时并不手软。老战友在外地聚会，他说战友们转业早，工资不高，他慷慨解囊。青海玉树地震，他悄悄捐了3万元。

但他自己，一块手表用了15年，一个游泳帽用了19年，一个公文包用了20多年，一个铝盆补了又补，舍不得扔。他搞实验，动手能力强，家里的沙发和床是他用包装箱拆下的木板做成，沙发套是老伴亲手缝制。客厅里的小木凳是他用家里铺完地板后剩下的废料做的，花了半天时间敲打好。屋里的灯也是他引了一根电线加一个灯管改造而成。

去世后，学生们收拾他的衣物，除了军装，没找到几件像样的便装，两件毛衣还打着补丁。

他偶尔也享受过一次，他和老伴去郊外一个农家乐吃饭，点了一个"大丰收"，就是玉米、南瓜、花生几个菜煮在一起，他从来没吃过，对这个组合菜赞不绝口，对老伴说，咱们回去也做这个。

他的学生们说，老师是一个心里有爱的人，长时间接触，感受更深。他戴了15年的手表，是大学母校百年校庆时送的纪念品，他一直戴着，旧了磨手，就用透明胶粘上。他去世后，护士想把手表摘下来，老伴理解他，说老林喜欢，就让他带着走吧。

他带过的每位学生，都在他的电脑里有个属于自己的文件夹，每一个文件夹都详细记录着每个人的技术专长、培养计划和施教方案。

住院期间，他让学生们将各自的文件夹拷贝走，这时学生们才发现，从跟他的第一天起，短的三四年，长的十几年，他都详细准确地记录下了每个人的成长足迹。

去世前三天，他写下这辈子的最后338字，虽然手抖得厉害，但字迹工整，没有一丝潦草。这是他给学生写下的论文评阅意见。他在5月的最后一天去世，这个学生在6月通过了毕业论文答辩。

甘做隐姓埋名人

中国第一颗原子弹爆炸前一年，南京大学的黄建琴参军到了马兰，她也参加了核试验，是后来马兰有名的"核大姐"之一。

与林俊德长达近半个世纪的相伴，黄建琴习惯了一个人的生活。最后，她含着泪说，老林的最后几天，是她跟他待在一起最长的一段时间。

林俊德欠家里人太多，特别是对女儿一直有着愧疚。他带的23名学生都是科技精英，却没时间管女儿的教育，女儿没读过大学。他只好对女儿说，你是我们的第一个孩子，我们没有教育孩子的经验，你是我们的试验品，就多担待点吧。女儿出嫁，他在外执行任务，女儿办完结婚证，背着简单的行囊进了丈夫家。儿子结婚，他也一直没抽出时间和亲家见面，婚礼由对方一手操办。

他不是个完人，但他被家人理解。老伴说："这一生我陪伴他，我觉得我值。因为，他为国家、为人民、为党，做好了他应该做的事情，良心上没有愧对党和人民对他的培养。"

林俊德去世后，组织将10万元慰问金交到他老伴手上，他老伴深深地对工作人员鞠了一个躬表示谢意，说："这些钱就当作他的最后一次党费吧，这也应该是他的心愿。老林一辈子干了他喜欢的事业，他对党和国家的爱刻骨铭心。"

女儿说，很多人说林院士一辈子没享过福，但我知道父亲不是这样的。他对幸福的理解不一样，他说过他这一辈子真的很愉快。

参加中国第一次核试验的人们回忆起，那个时候林俊德一股朝气勃发的劲儿；到生命的最后一刻，虽然年纪大了、人沧桑了，但是他蓬勃的朝气、工作的热情一点没变。人们在想，是什么支撑着他走出了比 75 年更长的生命跨度？

创造了马兰精神、见惯了英雄的马兰人送给他一副挽联，为他送行："铿锵一生，苦干惊天动地事；淡泊一世，甘做隐姓埋名人"。

王小谟：为国家争口气

王小谟，男，1938 年出生，中共党员。中国工程院院士，2012 年度国家最高科学技术奖获得者。为我国著名雷达专家、预警机事业的开拓者和奠基人，被誉为"中国预警机之父"。

这双温暖而柔软的血肉之手，锤炼出了钢铁雄鹰一般的中国预警机——一个可以和载人航天、探月工程相媲美的重大工程。

拿到 2012 年度国家最高科技奖后，媒体对王小谟进行了跟踪报道，连他跟老伴出门遛弯也被许多人"围观"。有一次坐火车，一帮军事迷把他认了出来，居然"假扮"记者一板一眼地提问，他也做到了耐心回答。

争口气，自己干

对于自己钟爱的预警机和雷达，对于那些年为了给国家争口气而一起奋斗甚至同生共死的"战友"们的故事，王小谟很愿意向大家说出来。如同在中华人民共和国成立 60 周年阅兵式上，站在天安门城楼的他，看到国产预警机作为"领头雁"带着机群掠过天空时，忍不住流下了泪水。

如果不去搞雷达，王小谟兴许会成为一位唱青衣花旦的京剧名角。这不是胡诌的，在他高中时一块业余唱京剧的同学里，有几位真的是著名京剧演员。大学时王小谟当团长的学生京剧团里，也走出了几位名角。当然，假若这样就不会有后来的"中国预警机之父"。

中国国产预警机，有个外号叫"争气机"——原本是打算和别国进行合作研发预警机的，但因第三国阻挠导致原本的合作方单方面毁约，最后决定自主研发。

"你要问我搞预警机体会最深的是什么？我觉得还是'争口气'这个口号。那时候受到的刺激非常非常大，我们把这个口号放得很大，挂在试验场，以便每天都能看到。"王小谟说，"自力更生、创新图强、协同作战、顽强拼搏"的标语，头一个就是自力更生。

争口气，自己干，也不是盲目和莽撞，王小谟回忆，那时确实通过合作学到了一些东西，加上自己几十年的积累，中国人自主搞预警机也就不仅仅是停留在口号的难事了。

不过，当时对预警机怎么搞，各方面意见也争论得十分激烈，自主研制并不是其中最响的声音。为此，王小谟向此事的负责人汇报了几十次，拿出摞成半米高的电脑软盘、几万张图纸去说服对方。

"不管是当时说服决策者，还是后来搞预警机，其实成功往往是再坚持一下。特别是不论多么艰难，只要你认为正确，就不要丧失信心。"不过，王小谟还是立下了军令状——如果干不出来，愿意承担任何责任。

从此，一支国产预警机研制团队，开始了长达 5 年的工作制 —— 他们每周工作 7 天，每天工作 11 个小时以上。5 年里，没有过一个春节。与之相伴的，还有试验中飞机上 90 多分贝的噪音和不可预料的飞行风险。有一次飞机失速，一直掉到 3000 米的高度才稳住，机上有的试验人员耳膜都被急速变化的压力给击穿了。

"搞科学、搞雷达、搞预警机，为什么要搞？是个人兴趣还是想升官发财？都不是。我们这代人，有一个信念根深蒂固，就是怎么报效国家。"王小谟说。

不是帅才，是将才

当年从大城市随研究所搬到贵州的山沟沟，一待就是 19 年，还要潜心搞出先进的雷达来，大概也是因为他有这种信念。

预警机被誉为"空中帅府"，是战场上的空中指挥所。王小谟认为自己不是"帅才"，只是"将才"—— 给一个目标就去攻城夺寨的人。或许是因为做到了身先士卒这一点，让他看起来更像一个冲锋的将军，而在他手底下，也出了不少"将才"乃至"帅才"。他始终把人才储备当头等大事来看，在最困难的时期，他敢咬牙拿出当时堪称巨资的 40 万元，从中国科技大学"买"了 7 个人回来。"现在看这 7 个人，都很有出息。"国产预警机总设计师陆军就是其中一位。

王小谟的博士生曹晨不到 30 岁，就当上系统副总设计师。他自己都没想到，王小谟的魄力会这么大。

对人才有信心，敢于给他们重任并再推一把。正是因为王小谟的信任与放手，由他培养的年轻人进步都很快。

用流行词汇说，王小谟有点"潮"：他很早就把电脑玩得很溜，喜欢网购。身上穿的短袖，就是从网上花 40 块钱买的。其实，这也是他的个性使然。除了擅长唱京剧、拉京胡，他在 20 世纪 50 年代念中学时就喜欢开摩托车，还加入了一个摩托车队。

大学时担任学生京剧团团长的经历对他影响不小。舞台演出时，往往是后台乱成一锅粥，前台有条有理一出戏。王小谟说，那时候灯光、美术、舞台道具等，都需要团长来协调。包括找学生演员，也都不能强迫、要求，而是邀请和说服。"这些都对锻炼组织能力有好处，让我养成了'备几手'的习惯，也明白，要靠大家理解来做好事情。"

2006 年，曹晨去医院探望因车祸住院的王小谟，意外得知王小谟被检查出了淋巴癌。曹晨在病房外犹豫了半天，不知如何安慰老师。这时，病房里传出胡琴声。他推门进去，发现王小谟正拉着京胡，一脸陶醉。

臧克茂：普通一个"院士兵"

臧克茂，1932 年出生，浙江大学毕业，装甲兵工程学院教授，中国工程院院士。自 1955 年入伍后，特别是在身患癌症和多种疾病的时间里，仍坚守教学科研一线，先后主持完成 20 余项国家和军队重点科研项目，攻克多项核心关键技术，为我军武器装备现代化建设做出重大贡献。获国家科技进步二等奖 2 项，军队科技进步一等奖 2 项。被表彰为全国优秀科技工作者、全国优秀教师。荣立一、二、三等功各一次。

他从没当过官，始终是普通一个兵，即使评上院士后，也依然是一名"院士兵"；

他的人生仿佛既受命运眷顾，又受命运折磨，但不如说，又是他自己扼住了命运的咽喉。

刚"入伍"，就"转业"

在中国人民解放军装甲兵发展壮大的辉煌历史中，他的名字无法绕开。

但他不愿"拔高自己"，觉得年纪大了，说不来那些话。一定要说时，他就说："我只是教员队伍中的普通一员，做着教书育人的份内工作，在自己的专业领域，为装备建设尽了一点绵薄之力。"

他说的也都是实话，当时作为新中国第一代大学生参军入伍，完全是服从组织分配，从西子湖畔来到哈尔滨军事工程学院。

入伍后的第一年，小地主家庭出身的他竟然第一个入了党，"竞争"的有同一批参军的大学生，也有不少新中国成立前的老战士。这件事影响了他一辈子，"从此下决心要努力。这不是假的，是真的这么想！"

1966 年，哈军工整体撤编，他和战友们集体转业，依然是教师，但脱下了军装，"成了离群的孤雁"。小穿军装的他感到失落。十年后，终于有了一个参加军事院校教员选拔的机会，他如愿再次穿上了军装。

第二次入伍，他激动得夜不能寐。一到北京，就跑到王府井的中国照相馆，穿着军装照了张标准像。那时的他，像刚入伍的新兵一样兴奋。

但刚"入伍"的他，马上又遭遇"转业"：原来在哈军工海军系教电气课程，来到装甲兵工程学院，却需要对一无所知的坦克领域进行补课。那一年，已经 47 岁的他开始人生二次"学习创业"。

就像一根甘蔗，越吃到后头越甜。近 20 年后，65 岁的他到了退休年龄，又被作为保留专家要求延迟退休，到 2007 年当选中国工程院院士时，他已推迟退休 11 个年头。直到现在，他还稳居"一线"。

他上下台阶不要人扶，在家里还自己换灯泡，他觉得自己的脑子还能思考问题，"没感觉自己那么老，好像跟年轻人差不多，还能继续工作。"

讲到这么多年最难忘的一件事，他想了想说，"还是入党，没想到第一年就能入党。"

"党的恩情，我一辈子也报答不完。"他补充说道。

一场战斗

人生的这根甘蔗，不完全是甜的。

1993年初春，寒假期间，61岁的他拿到医院的检查结果：膀胱癌。他一下子愣住了：癌症，一个平常只在报纸上看到的字眼，竟然和自己联系了起来。

当时，他带头搞的"坦克PWM炮控装置"研制正在关键时期。他作出两个决定：一是千万不能让人知道自己患病，要不肯定不能继续搞试验；二是一定要在病情无法控制之前把课题解决掉。

对于当时的这两个决定，他事后不经意地说道，"只是抱着治病和工作两不误的想法，没有及时向组织汇报。'遇到困难自己想办法克服，不给领导添麻烦''轻伤不下火线'等，是经常发生和很平常的事。我身边就有不少这样的同事"。

他的病情，除了让老伴知道，连三个女儿都没告诉。每次去医院检查，他不用学院配备的教授专车，而是独自乘公共汽车前往。一次手术后，他疼得下不了手术台，护士扶着他坐到手术室门前的椅子上休息，没想到一坐就是五六个小时无法起身。等他回到家时，内衣已被血尿浸透。

装甲兵工程学院的退休教授赵碧君说，同一个教研室、同一幢家属楼，直到1998年她才得知这个30多年的老战友身患癌症，"简直让我难以置信，那时候我们每次见面，他还亲热地打招呼，没感觉他有这么严重的病"。

穿刺、活检、理疗、化疗……频繁的手术，导致血小板和白细胞数量降到正常人的一半，体重骤降 20 多斤，尿频、尿急等症状不断加重。给研究生和本科生上课的时候，为了不显露出异样，他会提前赶到教室，和学生聊聊家常。为了减少排尿避免尿血，他早上不喝汤水，只吃干馒头。尽管如此，病情仍然难以控制，经常下课铃一响他就要匆匆赶回宿舍，换下被血浸湿的内裤。

他每天只睡三四个小时，长时间的超负荷工作，常让他感到头晕乏力，一次洗澡时竟跌倒在浴室里，头部磕破，缝了 6 针。第二天一早，他戴上一顶大棉帽捂住伤口，照常出现在实验室。

1995 年，他率领队伍研制成功了我国第一台 PWM 炮控装置，这个炮控装置正式列装后，使我军主战坦克火炮瞄准时间缩短了 47%，命中率提高了 35%，静默待机战斗时间增加了 1 倍以上。这个成果最终拿下了国家科技进步二等奖和军队科技进步一等奖。

坦克训练场上，射手轻松操纵，十几吨重的坦克炮塔眨眼间就能实现 360° 转向，发现目标后停得又准又稳，对瞄准镜内的敌目标可以做到"发现即摧毁"。

"两军相遇，先敌开火、首发命中，这是陆战之王克敌制胜的重要法宝。"他为之自豪。

或许他更应该为之自豪的，是和人生的这一场战斗。

和癌症搏斗了 20 余年，他的笑声更加爽朗。

不后悔

即便是聊天，他也经常会习惯性地停下来，微笑问一句，"你听懂我的意思没有？"别人表示明白后，他才继续讲起来。这是他的职业习惯。"当一辈子军校教员，我不后悔。"

他自认为是普通教员，觉得只有不停学习提高水平，才能再给别人"一碗水"。20 世纪 90 年代，自动化控制技术刚刚流行，为了把新技术引入授课，他每天早上四五点钟起床，赶到十几千米外参加地方高校举办的培训班，学完回来再给他的研究生讲课。

他的思路很独特，有人称赞他经常关心学生，他的说法是，"只有经常关心学生，才能力所能及帮助他们解决困难。"

他认为，学生飞得越高越远，自己越有成就感。1993 年，正值试验关键阶段，他推荐得力助手马晓军到清华大学攻读博士，马晓军几次表示先帮忙完成试验，以后再去读书。他不同意，说"机会难得，等学成回来，还有更重的担子等着你去挑。"并给马晓军资助了学费。

对这件事，他在人前笑着"澄清"："学费不是我个人掏腰包，是我们的课题奖金，我没有那么高的风格。"

做他的学生很幸福。寒冬腊月的晚上，学生在坦克车场看护试验设备，他挂念得睡不着觉，半夜里熬好热粥用保温桶送到车场；为了让学生参加学术交流，开阔眼界，他求会议主办方把准备好的标准间换成大通铺、软卧票换成两张硬座，让学生搭上了"顺风车"……

他觉得硕士生宋小庆有读博潜力，主动提出让宋小庆考博士，学费也由自己包了。宋小庆回到装甲兵工程学院做老师，他帮忙反复修改教案、传授经验。宋小庆参加授课评比夺得第一名，白发苍苍的他坐在最后一排拼命鼓掌。看到恩师那样高兴，学生早已热泪满眶。

同样是宋小庆，写了一篇 3000 字论文交给他审改，他不留情面地修改了 32 处，用红线一一标出、认真修订。像这样用红笔写满批注的论文，他的学生几乎人人都有好几份。

他自己则是学生最好的教材。他如果没有到过现场、没有亲自看到试验过程，心里总是不踏实。2005 年夏，坦克炮塔内温度超过 50℃，73 岁的他依然坚持钻进坦克。冬天，炮控系统在黑龙江进行寒区试验出了问题，他迎着零下 40 摄氏度的严寒，赶到滴水成冰的试验场。

评选院士，他说没那个胆量，自己条件还是不行，"做一个事情应该有点谱，院士标准很高。"他还把他认为说得太满的话从申报材料上去掉。他 75 岁当选院士，正好在最高年龄杠上，按要求需要 6 个院士提名，但结果提名支持他的有 8 人。

他自己患癌症，老伴也身患罕见多发性硬化病，生活难以自理。上班前，他要给老伴挤好牙膏、倒好水，准备好当天的药，还要把切好的水果放在老伴床前。出差的情况下他会提前在冰箱准备好饭菜和酸奶，把老伴每天要吃的药分包、装好，方便服用。为了老伴他自学针灸，先在自己的身上练习手劲和针感，常常没扎准穴位，疼得冷汗直流。为此老伴心疼得直流泪。

他说："我感到她是把一辈子交给了我，也就是过去所说的托付终身，不管顺境逆境、健康疾病。"

"这么多年过去了，我妈妈还能这样，医生都感到是一个奇迹。"他的大女儿臧华超说。

2007年11月2日，是臧华超的生日，她接到父亲的电话，以为是父亲要对自己说生日快乐，"没想到爸爸告诉我一个激动的事情，他评上中国工程院院士了"。

女儿们迫不及待赶到家里向父亲表示祝贺。他竟然像孩子一样有些羞涩，握住老伴的手对女儿们说："没有你们妈妈的支持，我走不到今天，为这个家庭付出最多、牺牲最大的是你们的妈妈。"

叶聪：我驾"蛟龙"探深海

　　他既是一名潜航员，又是"蛟龙号"的主任设计师；他曾多次在下潜试验中迅速反应、果断决策，也在3700米深潜中沉着冷静，顺利完成任务。他就是随"蛟龙号"载人潜水器潜入深海的3名中国潜航员之一，叶聪。

　　伴随着"蛟龙"出水，中国载人深潜正式登上历史舞台。2010年5月31日至7月18日，拥有自主知识产权的"蛟龙号"7000米载人潜水器在南海进行试验，多次穿越3000米深度，最大下潜深度达到3759米。中国自此成为继美、法、俄、日之后第五个掌握3500米以上大深度载人深潜技术的国家，进入了"载人深潜国际俱乐部"。

　　与"蛟龙号"一同亮相的，还有中国第一代潜航员和试航员队伍。身材中等，长相敦实，31岁的叶聪是其中之一，也是经验最丰富、"级别"最高的一个。

这个深度的压力之大，相当于1平方米的面积要承受3700吨的重量

　　海面1000米以下被称为深海，那里氧气稀薄，没有阳光，非常寒冷。

海水越深，压力越大。3700 米水深是什么概念？"这个深度的压力之大，相当于 1 平方米的面积要承受 3700 吨的重量。"叶聪说。

"深潜器载人舱空间很小，刚刚能容下 3 个人，但很难同时站立起来。"叶聪和两名负责科研项目的同伴乘坐的载人舱，是个内径只有 2.1 米的球体。下潜到 3700 米海底需要 100 分钟，上浮也要 100 分钟，在海底的工作时间为 300 分钟。叶聪和同伴需要在如此狭小的密闭空间里足足待上 8 个多小时。

潜水器完全没入水面之前，需要进行水面检查和注水，因此摇晃得很厉害，舱内非常闷热，叶聪只好不停地抹汗。之后，在巨大的压铁带动下，潜水器无动力缓缓下潜，随着深度增加，周围的光线逐渐变暗，直至漆黑一片，温度也变得很低。"无动力下潜的 100 分钟里，我的操作任务相对少，工作之余会和两位同伴聊天、拍照，让舱内的气氛轻松、融洽。"叶聪说。这其实也是他的"工作"。

接近海底，叶聪开始忙了起来，他详细观察周边环境以便选择作业地点，同时和海面的指挥部密集地沟通。虽然第一次到这么深的海底，叶聪并不发怵，和潜水器这个"老搭档"配合也很默契。根据海底地形变化，他调整了潜水器的重量，改变其与浮力之间的平衡，以便让潜水器轻缓地"坐"在海底。

舱外温度在 2 摄氏度左右，时间长了感觉有点冷。叶聪启用潜水器悬停定位功能，继而平稳地在海底着陆，机械臂开始展开、取样，试航员也开始忙碌起来。待在海底的 300 分钟里，叶聪和同伴还开心地吃了顿午饭。

返回水面的 100 分钟里，他听了一会儿音乐，还和同伴聊了聊下潜的感受。

能够在困难面前挺身而出，对潜水器和舱内所有人员的安全负责

下潜中会不会害怕？"虽然潜水器各个设备都经过 7000 米深度压力的测试，钛合金的外壳也很牢固，但开始下水的时候，还是有些紧张和害怕。"叶聪说，在几千米深的水下，一丝疏忽都足以造成巨大的危险。不过，"有点儿像航天员在太空，他们想的最多的是祖国的荣誉，对我们身处几千米深寂寞海底的潜航员来说，想的最多的也是祖国。"叶聪说，"'蛟龙号'在试验阶段很多性能并不是稳定和固化的，这带来了一定的风险，但是我们的准备很充足，到目前为止，试验遇到的问题都被很好地解决了。"

一次海上试验，深潜器正在下潜时，电路绝缘检测开始报警。"绝缘检测出现报警，意味着电池有可能短路，就好比把手机扔进水里，严重性可想而知。"叶聪说。但从其他监视仪表显示的情况来看，电池没有问题。于是他选择继续下潜试验。"当时有点'将在外军令有所不受'的感觉。在深海遇到意外有时候需要独立应对。"

潜航员可以看成是潜水器的"船长"，担负着设备和人员安全保障任务。在旁人看来，叶聪遇事冷静，具备果断的决策能力。他自己认为，"对一名潜航员来说，要遇事不惊，按照操作手册、应急预案以及个人知识积累来分析、处理问题，能够在困难面前挺身而出，对潜水器和舱内所有人员的安全负责。"

3000 米是一个重要里程碑

潜航员的体重控制在 80 千克以下为宜，但叶聪的体重却超过了 80 千克这个"特殊"的情况和他的经历有关：2001 年从哈尔滨工程大学船舶工程系毕业后，叶聪就一直和"蛟龙号"打交道，2003 年成为深潜器的主任设计师，2005 年经过选拔和培训参加中美联合深潜，到 2007 年时，他已经是潜航员培训的主要教官。

"要潜到这么深的海底，我们的选拔过程比较严格。"叶聪说，比如身体不能有异味，以免在狭小的空间里影响同伴；不能有幽闭恐惧症；一般体重不超过 80 千克；还要具备一定的精细操作能力。"选拔中会有幽闭空间的考验和对精细操作的测试。"

从训练到独立完成深海航行，一名潜航员的"出炉"需要大约 4 年的时间。受训的潜航员需要接受系统的心理、生理和专业知识培训。内容非常多，包括深潜器的检修、维护和驾驶，水面支持设备的使用，身体和心理的训练和监测等。

3000 米是"蛟龙号"的一个重要里程碑，在之后的时间里也先后突破了 5000 米、7000 米的深海下潜深度。

黄鹤云：大漠深处一粒沙

黄鹤云，江西万载县人，1969 年 7 月出生，高级工程师，大校军衔。从军以来圆满完成 200 余发导弹试验任务，为我军武器装备建设作出了突出贡献。

排哑弹的故事

"班长，再讲讲排哑弹的故事吧。"

塔克拉玛干沙漠深处，一名新兵正向一名老士官请求着。

"那没啥，对咱们站来说，那太平常、太普通了。"老士官有些不耐烦。

"讲讲吧，我们也想听一听。"旁边几个战士也插进话来。

在渴望的眼神中，老士官讲了起来，"前几年，因为打实弹，靶心地区每年都有几百枚哑弹需要排除……"或许是因为再次沉浸在回忆当中，老士官停顿了一下，继续讲，"哑弹的品种多种多样，有延时弹，有爆破弹；大小也不一，有几千克的，有十几千克的……"

"挖哑弹是不是很危险？"小战士好奇。

"你说呢？这些哑弹炸掉坦克都是小意思……"老士官白了小战士一眼，

接着说，"有些弹钻地很深，我们必须把它挖出来后进行排除。"

说到这儿，老士官的声音突然有些哽咽了。

"那个时候，黄鹤云还在咱们站当总工程师……"老士官没有再看小战士，自顾自讲下去："任务中，他作为指挥长，经常带着大伙深入靶心——那是被叫作'死亡之海'的地方，一个哑弹一个哑弹地检查排除。有一年深秋，天气已经很冷，我们奉命挖一枚很大当量的哑弹。他拎起一个水桶，把自己的鞋子灌湿……"

"他为什么弄湿鞋子，不冷么？"小战士插了一句话。

"一看你就没干过这活，这是为防止产生静电才那样做的。"老士官继续说道，"还没等其他人说话，他已经溜进弹坑，还下命令让我们走远。没办法，我们只能躲到掩体后面，大气都不敢喘地看着他一个人挖哑弹。那时的天气也不帮忙，气温低还刮着风，我们穿着大衣还直冻得紧身缩脖子。大概半个小时后，他猫着的腰终于挺直了，怀里抱着一枚哑弹。看着他小心翼翼地捧着那枚装满高能炸药的弹头，我的心都快从嗓子眼里跳出来了。"

"他不害怕吗？"小战士怔住了。

"怕？他是怕我们出事，才把所有的危险一个人来扛。"说到这里，老士官的眼睛已经红了。

"那他现在怎么样？"小战士非常好奇。

老士官再也忍不住，眼泪夺眶而出。

"他已经去了。"话音未落，老士官转身大步走开了……

导弹打到哪儿，人就跟到哪儿

一说起黄鹤云，陪护他到最后的战友刘永勤，这个 40 多岁的军人，没几句话就当着我们的面痛哭起来，想说的话就好像混着泪水都吞进了肚子里。"那年凌晨四点，黄鹤云突发脑出血倒下时，我们赶到他家，看到的，是撒了一地的方案稿纸……"

第一次抢救手术后住院的几天中，黄鹤云躺在病床上，经常将手高高举起，或攥成拳头，或用力紧握妻子和陪护战友的手，仿佛显示着自己战胜命运的力量。

他不甘心，他才 43 岁，22 年与导弹做伴，带着队伍第一时间测量每一发导弹爆炸后的准度和力度，在几千乃至几万平方千米的导弹靶场寻找一枚枚导弹残骸。当一系列新型导弹经过综合试验靶场鉴定定型，成为有效制敌慑敌的"倚天长剑"时，他有说不出的自豪。但在国家的导弹事业正不断攀高时，他却带着壮志未酬的遗憾而去。

地处西部边陲，驻地条件异常艰苦，9 级以上的沙尘暴年均有 53 天之长、17 次之多。早些年，黄鹤云和战士们到野外执行任务，住羊圈、喝苦咸水，常常不是几天而是几个月。但黄鹤云始终瞄准一句话，"导弹打到哪儿，人就跟到哪儿"。

1991 年，江西省万载县的高考状元黄鹤云从国防科技大学毕业，来到解放军原总装备部某基地试验部，投身这支从事导弹武器试验的光荣队伍。由于编写的软件在多次试验任务中发挥重要作用，入伍第五年，黄鹤云便荣立二等功。时间之短和荣誉之大反差强烈，当时喜报发到他老家县里，民政部门的同志不敢相信，专门打电话到部队核实情况。确认无误后，县里敲锣打鼓把喜报送到了黄鹤云家里。

2006年9月的一天，两种不同型号导弹试验任务分别执行，这是黄鹤云所在试验部某测量站历史上头一次。当天，担任测量站总工程师的黄鹤云在气温高达40多摄氏度的戈壁滩上辗转上千千米，全程指挥雷达、通信、气象等专业工作，整整24个小时没有合眼。当任务圆满成功的喜讯传来，他顾不上庆祝，又带领小分队直奔靶心，挨个搜索导弹残骸……

在没有水源、寸草不生的大漠深处，在被地质学家称为"不适合人类生存的禁区"，黄鹤云常带领科技人员纵横万里黄沙，仅用3年时间就完成了相当于过去30年的任务量，完成了"在生命禁区搞信息化"这个貌似不可能的任务。此后他又突破"再入测量"的全新领域，这是钱学森曾说过的，对导弹事业作用举足轻重的领域。

"系统故障排除""方位角标校""等待时机"……在最后的几天里，陷入昏迷的黄鹤云口中突然会冒出这样几个词。医护人员不解，问起来探望的黄鹤云同事时，才知道那都是跟导弹有关的术语。

黄鹤云曾说："导弹试验任务达不到100分，就等于0分，一丝一毫也马虎不得！"有人说，黄鹤云做工作做到几近迂腐。恰恰就是这种"迂腐"，透露出一个人内心对他钟爱的事业有多执着。

水很少，就应该留给最需要的同志

照片里的黄鹤云笑起来灿烂，很多人告诉我们，他内心善良，宽而高的额头，很少因为生气皱成一处。甚至乒乓球技出众的他，不会把人"剃光头"，总留有余地，输上几个球。

一次，黄鹤云带队在荒漠戈壁中，顶着烈日酷暑搜索导弹弹体残骸。出发前，他坚决不乘自己的专车，和战士们一起乘吉普车。由于弹体预报落点在戈壁深处，路况十分复杂，戈壁滩的夏天地表温度高达50多摄氏度，车子水箱在路上开锅了。为了不耽误搜索时间，搜索队没有选择返回，而是把携带的矿泉水每人留一瓶后，剩下的全部加入吉普车水箱继续前进。

车里像蒸笼一样，大家不停地喝水，有战士注意到黄鹤云一直没有动他的那瓶水，就凑上去说："赶快喝点水，别脱水了。"他笑笑："没事，我不渴。"

等大家都把自己那瓶水喝完了，残骸还没有找到。这时，黄鹤云说："我这儿还有一瓶，你们克服一下，几个人分着喝吧。"看着战士们诧异的眼神，他说："你们不用担心，我不渴。"

成功带着弹体残骸返回营区时，黄鹤云嘴唇干裂，脸色苍白，下了车就晕倒在地。醒来后，他说了句："水很少，就应该留给最需要的同志。"

还有一次到某新建靶场执行任务，180千米的戈壁滩搓板路竟然走了20多个小时，有两台军用吉普颠得爆了胎。黄鹤云怕颠坏了车载计算机设备，干脆坐进了设备车的密闭方舱，搂着计算机颠了一路。半道休息时，黄鹤云冲出车门呕吐不止。同行的人笑话他，他也笑着说："反正人又颠不坏，计算机坏了任务可咋办？"

有个很小的细节，汽车连战士马生福告诉我们，黄鹤云经常坐他开的车，出任务时停车吃饭，黄鹤云会细心地给这个小司机的手抓饭再加上一份肉，说年轻人正在长身体，要多吃肉。

哪怕这样坐着都很幸福

"他是一个对生活充满热爱的人。"这是几乎所有人都同意的黄鹤云的最大特点。大学毕业来报到，有人看了一眼单位就走了，他则说，这样的条件才更容易展现才能。常年在戈壁滩的坚守，就算条件再恶劣，他每天都是乐呵呵的，好像完全不知道"苦"字怎么写。

只是，英雄去得太早，很多遗憾无法弥补。干导弹试验的人两地分居是常态，黄鹤云尤甚。调任某测量站，一去就是5年多。离开家的时候，女儿不满两岁，等他调回来，女儿已经7岁了。

女儿两岁半的时候，妻子抱着孩子头一次去几百千米以外看他。当地的天气很冷，成天刮沙尘暴，去了快一周，也见不到他的人影。一气之下，妻子带着孩子准备回去。没想到黄鹤云突然赶到了火车站，从背后一把拉住妻子的手，接着把闺女一抱，转身就走。妻子看到他的迷彩服上全是灰尘，人又黑又瘦，心疼的同时，从此也多了一份理解。

女儿6岁那年，第一次在市里参加学校组织的文艺演出，早早就打电话给爸爸让他来看自己表演。黄鹤云也正好难得要赶来机关开会，在火车上挤了一天一夜，下车天已经擦黑。他直接拎着大包小包就往女儿学校跑，终于在女儿表演前赶到。那天，台下的家长很多，可是只有他一边擦眼泪一边鼓掌，高兴得像个孩子。

有一次难得的家庭聚会，黄鹤云做了一大桌菜，一家三口吃完饭边看电视边聊天，他突然冒出一句让妻子至今心颤的话："我觉得跟你和女儿待在一起，哪怕就这样坐着说说话都特别幸福。"

第三章

院士风采

翟光明：找油六十年

翟光明，中国工程院院士，著名石油地质勘探专家。1926 年 10 月生于湖北宜昌，1950 年毕业于北京大学地质系，历任玉门油矿采油厂总地质师，石油工业部地质勘探司总地质师、司长，中国石油天然气总公司石油勘探开发科学研究院院长等职。他提出含油气盆地"三史"综合分析、油气形成等地质理论和中国石油科学探索井规划及 CSI 油气勘探法，为我国石油勘探事业作出了不可磨灭的贡献。他是发现大庆油田的科技人员之一，曾获国家科技进步特等奖和二等奖。

新中国大部分石油勘探发现和他分不开

第一次知道翟光明的名字时，石油勘探专家、中石油原副总裁胡文瑞院士还是个毛头小伙。1970 年，在山西马兰山沟沟里的一个破旧电影院，由于人太多挤不进放映厅，胡文瑞和几个同伴只好趴在窗子外，听里面的一个专家给长期石油会战"定居"在山沟沟的人们讲课，里面的专家就是翟光明。"那是 50 多年前，他是新中国的第一批油气勘探专家。10 次石油大会战，他大部分都参与。"

胡文瑞和大他 20 来岁的翟光明有缘。1975 年，他买了本描述中国开发石油资源的外国专著，在谈到东海和南海油气资源时，大段大段引用的都是翟光明的观点。这让胡文瑞更感好奇，"这个人怎么这么厉害？"

1994 年，在中石油加快鄂尔多斯盆地开发的报告会上，胡文瑞终于近距离见到了这个"很厉害"的专家。在会上，当时年近七旬的翟光明提出油田储量从 200 万吨提高到 1000 万吨。"报告给人印象很深，但对于当时开发已近百年、被认为是'井井有油，井井不流'的鄂尔多斯盆地低渗透油田来说，这个结论听来有点天方夜谭。"胡文瑞说。

事实证明翟光明是对的。仅位于鄂尔多斯的长庆油田，2021 年年产油气当量 6244 万吨。"十四"五期间，长庆油田年产油气当量将提升至 6800万吨。

现在，胡文瑞和翟光明已经是一对老友，"他是新中国石油勘探事业奠基人之一，我们国家几乎所有盆地都留下过他的足迹，大部分勘探发现和他分不开。"胡文瑞手里拿着翟光明近期的一份打印稿《中国油气新区新领域勘探的十大突破口》说："96 岁的人还在寻求中国油气勘探的新突破，如果发个特别奖，他当之无愧。"

翟光明则说，设想中的中国油气新区新领域勘探十大突破口，实际上大部分都是在过去的油气老区。他想对这些古隆起、前陆盆地和岩性油气田，用新的方法勘探，可能会从被遗忘了的地区找到新的油田。

让翟光明高兴的是，四川古隆起已经有所突破，开了一个好头。

越是艰难困苦，越能养成坚持不懈的精神

翟光明找油的经历超过了中国人所说的一甲子。石油勘探绝大多数都在不毛之地工作，加上早期条件差，到底有多苦，旁人无法感受，只有亲身经历的人才能真正体会。

20 世纪 50 年代伊始，从北大地质系毕业没多久的翟光明从甘肃玉门油矿转战陕北四郎庙勘探大队，在西安下火车后坐了 3 天 4 夜的大篷车才到目的地。他睡了两年的木板房，一半被用作地质录井的试验场所，一半作为钻井泥浆实验的场地。生活上，吃饭都成问题，他也时不时到处蹭饭吃。

不过，正是在这木板房的两年，学地质出身的翟光明边学边实践，利用老前辈给的专业书和指导，完成了从地质到石油勘探专业的"转型"。对他来说："年轻人磨炼一下，只有好处没有坏处。越是艰难困苦的条件，越能体现出一个人坚持不懈的精神。"

和吃苦相比，能不能打出油的压力才是找油人不可承受之重，尤其是当几万人马集结待命，就等石油勘探科技人员一句话的时候。不打，是人力物力的浪费，打了没有，这种浪费更是巨大。但石油深埋地下，有油没油，勘探人员主要还是靠资料和有限的深度取样结果来判断。1964 年的胜利油田大会战至今仍是让翟光明感到惊心动魄的"一仗"。

当时先期打了一口井，日喷 600 立方米。根据这个初步成果，有可能发现一个大型的油田。刚打完大庆油田这一硬仗的大路人马又汇聚在胜利油田，时任石油部长余秋里将军亲自坐镇。但这时，进一步勘探却遇到问

题，打了一口井没有油，连打了四口井都不见油，而一边，十万人马正在焦急等待，负责找油的人们慌了。

"这个时候对我们勘探人员来说是一个很大的考验。分析来分析去，最后发现这里的油层跟一个土豆似的，外围就没东西。根据这个情况，勘探队转变思路，在胜利村钻探了一口井，一打下来，形势大大改变，胜利油田因此得名。1965 年初春过后，胜利油田打出了全国砂岩油层最高产量 1100 吨的油井。"翟光明回忆说，"这 1000 吨打出来后，我们吃了一顿涮羊肉。"

对搞石油勘探的人来说，每个人都会遇到失败，甚至在每个地方都可能遇到失败，失败感、失落感经常会伴随左右。往往以为稳操胜券，却打了口不冒油的井。

"我们经历过许多失败。1969 年在华北油田打的第一口井，就没见东西。直到 1974 年，我们发现任丘大油田，产量超过胜利油田。但不到 10 年，产量又从 1700 万吨很快降低到很少的产量，有些人又感觉到失落，悲观地认为华北没油。"翟光明说，而 2011 年，冀中油田的一口油井打到 6000 米出头，位置就在任丘油田出油层面，只不过比任丘的油井深了 3000 多米。

"遇到失败并不可怕，老一代搞石油的，从不责备打井打失败的人，责备的是你失败以后情绪低落不再工作。放弃了，那就是彻底的失败。"翟光明说，搞勘探，必须要有坚定的信念。"你能够经受起成功的喜悦，也能受得起失败的煎熬。"

"石油勘探是有科学根据的冒风险。"翟光明因此提出要打科学探索井，在实践中寻找理论的突破。

曾和翟光明共事 10 多年的石油勘探专家王慎言说，翟光明当时提出科学探索井，研究和实践要相结合，组成研究生产联合体，也就是国际上所开展的风险探求。比如在勘探面积只有 570 平方千米的冀东油田时，也是采用科研生产联合体的模式，搞勘探的科技人员都参加了生产现场岗位。

"一个科学探索井，打开了新篇章。"王慎言说。

中国不是贫油国，找油是一辈子的习惯

"为什么对找油这么执着？贫油国的帽子给中国不是不太合适，是根本不合适。每找到一个油气田，或者产量增加了，都给我很大鼓励。"翟光明说。

考入北大地质系，翟光明最初的梦想是到野外寻找各种矿产，改变当时落后的国家生产条件。当毕业分配到位于大西北的油矿，看到当时这么大一个国家，一年就那么点油时，他就开始琢磨着怎么把这个工作做好，跟石油的感情越来越浓。

"翟老的人格魅力在石油系统是家喻户晓的。他始终有一个乐观向上的激情，90 多岁还一直兢兢业业，勤勤恳恳工作。我比他小 20 多岁，上楼梯还走不过他。"胡文瑞说，翟老太热爱这个石油事业，有信念在支撑。

在翟光明多年总结、广为适用的油气勘探七步法中，其中有一步就是"坚定的信念"。"搞勘探的没有激情，没有信念，不花十年功，是不成的。"胡文瑞说。

虽然 85 岁高龄的时候还每天赶去办公室，但翟光明不愿意别人把他当劳模，"该工作的时候工作，好好工作，努力工作，该休息的时候还是要休息。"

他爱吃肉，爱走路，讲话连讲三个小时都未见疲态。"没怎么特殊保养，也没有特殊嗜好，就是不抽烟不喝酒，不去无限制地玩乐。饮食方面没有什么要求，什么都吃，也喜欢吃肉。每天吃过饭以后走一走，几十年来不间断，到现在还走。"这大概就是翟光明非养生秘诀的秘诀。

他头上总戴着一顶棒球帽，这是从 28 岁开始养成的习惯，原因大概和常在野外有关。或许生活就是由许多习惯组成，包括翟光明养成的一辈子找油的习惯。

管华诗：一生一个"蓝色梦"

一口地道的山东话，叙述着管华诗的经历：这位海洋药物学家、中国工程院院士一直没有离开过生他养他的家乡，在吹着齐鲁之风的大海边，他将人生事业融进了蓝色梦想。

1939 年出生于山东省夏津县一个普通农民家庭的管华诗，1964 年毕业于山东海洋学院（现中国海洋大学）水产品加工专业并留校工作，50 余年从未离开过海洋科研和他热爱的校园。

从海洋萃取菁华，迈上海洋药物研究之路

20 世纪 80 年代初，管华诗从一次偶然发现的实验现象得到启发，仅用三年时间就研发出了我国第一个现代海洋药物藻酸双酯钠，从此迈上了现代海洋药学研究之路。1985 年，管华诗主持研制的藻酸双酯钠通过了山东省科委组织的专家鉴定，成为我国首创的海洋新药，随之被原卫生部和山东省重点推广，服务了千千万万心脑血管疾病患者。

进入海洋药物研究领域以来，管华诗先后发明并研制了包括 PSS 在内的 5 个海洋药物及多个系列海洋生物功能制品，取得几十项国内外发明专

利，并主持编纂了我国首部大型海洋药物志书《中华海洋本草》。

遵循教育发展规律，带领建设高水平特色大学

管华诗 1991 年担任中国海洋大学副校长，1993 年担任校长，至 2005 年 7 月卸任。15 年中，他为中国海洋大学的改革和发展倾注了大量的心血和精力，在学校前途的把握上体现出教育家的洞察力和善抓机遇的能力。

1997 年，当时的青岛海洋大学进入国家首批"211 工程"重点建设行列。2001 年 2 月 27 日，教育部、山东省、国家海洋局、青岛市重点共建海大的协议正式签署，这使海大成为我国第一所由中央部门、行业和地方共建的高水平大学。

此后，管华诗又推出一系列大手笔：在青岛崂山新区建设占地 1800 亩的新校区；聘请作家王蒙担任海大教授、顾问、文学院院长，在其影响下，一批人文学者和作家先后到海大开课、办讲座讲坛。

2002 年 10 月，青岛海洋大学获教育部批准，更名为中国海洋大学，在管华诗的带领下踏上了建设高水平特色大学的新征程。

人生能有几次搏，心血铸就华彩诗章

2005 年 7 月，管华诗谢绝了各方面真诚挽留，从校长岗位上退了下来。海大的师生自发为他制作了镶刻着一把铁镐的《耕耘》匾，上面签满了师生的名字，以此表达对老校长的敬仰之情。

值得敬仰的不只是管华诗当校长的"功绩"。他倡议并出资发起成立

了华实海洋药物奖励基金，以激励广大学子和青年教师积极投身海洋药物研究领域。他资助数十名海大贫困学子和校外超过 30 名贫困女童重返课堂，并且鼓励他们自强不息。

为了心爱的海洋科教事业，不当校长的管华诗仍在教学科研一线忙碌。与其说是退下来休息，倒不如说是开始了人生的二次创业。他对事业非但没有丝毫松懈，反而更有劲头。

"人生能有几次搏？"如今年过八旬依然奋斗不休的管华诗说，这句话很简单，但正是他的座右铭。

吴曼青：创新就是使命

　　他刚满 35 岁就担任国家一类骨干雷达研究所所长；44 岁当选中国工程院院士。他和他的团队，在 2009 年国庆 60 周年阅兵仪式上献上 18 部电子装备，是受检阅装备型号最多的单位之一；2008 年北京奥运会，2010 年上海世博会和广州亚运会期间，提供多部核心骨干装备，圆满完成安保重任；屡破国际封锁，打破重大装备发展受制于人的局面……

　　吴曼青院士，就这样带领来自中国电子科技集团公司第三十八研究所的团队，实践着"国字当头、创字开路、改字为先"的创新历程。

"国字当头"，科技创新的源泉

　　当一部无人值守雷达屹立于海拔 5374 米的西藏甘巴拉时，原先值守雷达站的战士们告别了"指甲脱落、心脏肿大"的艰苦。那一刻，吴曼青的喜悦之情溢于言表。

　　"让最可爱的人能够改善生活和工作的条件，是我们最感幸福的事。"吴曼青说，38 所是军工电子国家队，必须将国家需求、国家利益、国家目标放在第一位，当国家人、成国家事，用国家需求牵引着自己的科技创新。

2002 年面对我军重大装备研制在技术引进方面遇到的重重阻挠，吴曼青团队迎难而上，攻克一系列难关，改变了我国在装备发展上长期受制于人的局面；2005 年，吴曼青担任总设计师，并提出采用全新体制的思路，带领团队团结协作，仅用 3 年时间实现从芯片到系统的全面创新。标志着我国雷达技术达到了国际领先水平，将发展装备的主动权掌握在了自己手中。

吴曼青将 38 所自主研制的中国第一部三坐标雷达做成雕塑，命名为"使命"。他不止一次告诉自己的团队，"只有将归宿定位到国家需要上，与时代同呼吸，与国家共命运，我们的技术创新才能迸发出最大的活力，获得奔腾不息的生命源泉。"

"搞科研不为当官，不为发财，但是你们要知道，没有多少人可以把自己做的事写进中华人民共和国的历史。"

吴曼青说，最幸福的人生，是每天被伟大梦想惊醒的人生。

"创字开路"，科技创新的脉搏

"创字开路"是吴曼青对自己也是对团队的要求，就是要在"科技创新的思想上领先一步，方法上率先一步，实践上抢先一步"。

2003 年，吴曼青和团队研制的机动式三坐标雷达被誉为我国地面情报雷达赶超世界先进水平的里程碑式产品，并获得国家科技进步一等奖。

2004 年，38 所控股的安徽四创电子股份有限公司上市，被誉为"中国雷达第一股"，在这个平台上，吴曼青团队将技术向产业转化，如成功研制了中国第一部航管雷达，取得了中国第一张民用航空空中交通通信导航监视设备临时许可证。2009 年，吴曼青建立了中国第一个公共安全技术研究院，布局了智能传感、微系统、视频感知等一批前沿技术，谋求产业与技术的深度融合与促进。目前，该院已经成为第三批国家级海外高层次人才创新创业基地。

吴曼青的思维已不再拘泥于传统的雷达技术发展思维，而是延伸到更广阔的领域。他的眼光瞄准了浮空平台，很多人认为，一个传统的雷达研究所研究浮空器让人不可理解。但吴曼青做得极为大胆：2003 年，38 所整体引进了一个成熟的浮空器研发团队，吴曼青给出了"成为世界领先的浮空器研究团队"的目标。浮空器研究团队最终也用出色的成果兑现了自己的诺言。

当 38 所团队历经 8 年，成功突破关键技术，使我国成为世界上第二个拥有浮空器研发技术的国家后，吴曼青说：科技创新肯定会遇到困难，在最艰难的时候，科技人员的创新信念不能丢，一定要"衣带渐宽终不悔，为伊消得人憔悴"，最终一定能够豁然开朗。

吴曼青说，自己一路走来，一路遇到良师益友：在国防科技大学求学时候的导师梁甸农，还有在 38 所遇到的王小谟院士，"王小谟院士对年轻人很信任。虽然我进入 38 所时才刚毕业，但他说，'你做这个技术的，这个项目就由你来负责'。"

"我相信人的命运是可以改变的，但我不知道哪一件事情会改变命运。因此就尽可能把每一件事情都做好。"吴曼青说，能吃苦、靠得住、重友情，是自己对自己的要求。

"最重要的是，我是从38所的团队中成长起来的，38所因为员工品质而与众不同，这是值得我们自豪的资本。"吴曼青说，在38所，有人要每天在飞机上忍受噪声的刺痛测试雷达性能，有人去海岛边关安装雷达前写遗嘱给女儿，甚至有年轻的科技人员为国献身。

"改字为先"，科技创新的活力

吴曼青率领团队瞄准前沿科技，引进高端人才，搭建了一批研发与产业孵化平台，布局着"未来创新集群"。

"当今世界正处在创新最为活跃的时代，在'关口前移'和'版图东移'的进程中，中国应该做好承接世界科技中心转移的任务。"吴曼青认为，科技体制改革的终极目标就是构建生生不息的科技生态。

在不断灵活机制、创新管理的基础上，吴曼青重视对人才的培养。2010年，38所设立1亿元的人才基金，规划并实施"111"人才工程，大量招收博士，引进高层次人才，并选派优秀年轻骨干出国深造。

每一个博士简历，所长吴曼青都一一详细看过，每一个海归人才来所交流，他都要在所里请他们吃一顿自助餐。

38所为招聘人才而拍了一个宣传片，内容是38所研制的改变国家科技领域实力的重大装备和所承担的重大任务。短片中有这样一句话：如果你不被深深吸引，它也会深深地改变你。

"这表达了我们招人时的想法：即使最终没有吸引来这名人才，我们也希望38所做的事情，能够让他了解甚至增进使命感。"吴曼青说。

刘瑞玉：为中国海洋生物"上户口"

刘瑞玉，1922年出生，河北乐亭人，中共党员、九三学社社员，我国著名海洋生物学家和甲壳动物学家，中国海洋底栖生物生态学的奠基人。1997年当选为中国科学院院士。中国科学院海洋研究所研究员、博士生导师，生前任中国海洋湖沼学会、中国甲壳动物学会名誉理事长，国际黄海研究学会名誉主席、国际甲壳动物学理事会理事等。曾任中国科学院海洋研究所所长。先后获国家自然科学奖、科技进步奖、世界甲壳动物学会杰出研究贡献奖、中国科学院重大科技成果奖等30余项。2012年7月16日在青岛逝世。

他是一代海洋学大家，和小虾小鱼为伴65年；他活到90岁，在距离生命终点还剩几十天时，仍背着双肩包独自穿梭于数个城市参加学术会议。

他是院士，也是人生的斗士，他从来就不愿也不曾卸下自己的盔甲。

刘瑞玉，一个和生命赛跑的人。

一生都在赶潮

对虾能跳上寻常百姓的餐桌，刘瑞玉功不可没。

1952年起，刘瑞玉和发育生物学家吴尚懃每年春夏之交，进行中国对虾生活史和人工育苗研究，首次掌握和报告了中国对虾的生活史，为1960年吴尚懃首次室内人工育苗的成功打下了必要的基础。1986年，在刘瑞玉的建议下，中国科学院海洋研究所引进俗称南美白对虾的凡纳滨对虾幼苗进行研究，为这一优良虾种在我国大量养殖打下了科学基础。

"他一生从事海洋生物学研究，从海洋甲壳动物到海洋底栖生物，成就卓越，在世界上享有相当高的声誉。"中科院海洋所所长孙松研究员评价说。

2008年，刘瑞玉联合全国40多位专家编著的《中国海洋生物名录》出版。这本1627页的作品，记载了46门22629种海洋生物，为全人类提供了可靠的中国海洋物种"户口簿"。2011年，他以89岁高龄主持该《名录》的修订工作。

"虾兵蟹将"所属的海洋甲壳动物种类，是海洋动物中物种多样性最高的生物类群之一，也是海洋动物学研究的空白领域。2007年10月22日，国际甲壳动物学会授予刘瑞玉"国际甲壳动物学会杰出研究贡献奖"。刘瑞玉成为首个获得该奖项的亚洲科学家。

积跬步才能致千里。中科院海洋所前身是青岛海洋生物研究室，自成立起就开始进行全中国海洋生物种类、资源调查与标本采集。20世纪50年代，交通不便，在海南坐牛车一天只能走几十里路，因要赶潮水，经常不能按时进餐。1957 年，我国第一艘海洋综合考察船"金星"号开始在该所服役，才结束了他徒步沿海调查的历史。1958—1960 年，刘瑞玉参加了"全国海洋综合调查"，负责底栖生态调查研究，20 世纪 80 年代，刘瑞玉还参加了全国、山东省海岸带和海涂资源综合调查研究项目。

继刘瑞玉之后当过两任所长的相建海研究员回忆说，当年刚来研究所时，就听说这里有一村"渔民"，"村主任"就是刘瑞玉。"底栖生物都是在泥里，一网泥打上来，刘瑞玉带头顶着太阳或是在寒风中就把标本分拣出来。"

有一次，刘瑞玉凌晨 4 点带着几个博士生去赶潮，漆黑的码头离小船还有很远的距离，刘瑞玉带头第一个跳了下去，那年他 68 岁。

最宝贵的就是时间

推开中科院海洋生物标本馆 417 房间 —— 刘瑞玉生前所在的办公室，地上、桌上、椅子上，堆满了书籍。办公室靠墙放着一张沙发，也放满了各种书。刘瑞玉正是坐在这张沙发上，埋头敲打他的小电脑。

刘瑞玉趴在沙发上工作，是大家常见的景象。如果他困了，就会趴在沙发上小憩一会，醒来再继续工作。"活一天就要干一天工作"，对他来说，最宝贵的就是时间。没有节假日，没有周末，经常加班到晚上八九点钟，让馆里的许多青年人都自愧弗如。

中国科学院海洋研究所研究员孙松至今还为一件事惭愧不已，他有一次代表中方做国际学术报告前，就海洋甲壳动物和底栖生物的知识请教刘瑞玉。刘瑞玉第二天就把一份亲手做好的幻灯片文件交给了孙松，然后说，今天我不跟你多聊了，昨天晚上干到3点，要回去睡一会。"当时他85岁，老先生对待学术的态度和认真劲值得我们学习。"孙松说。

2012年4月中下旬，癌症晚期的刘瑞玉身体已经很虚弱，他依然在7天内前往北京、杭州、南京、上海等地参加了4场学术会议；4月底，因身体不适，被医生强制住院6天，他让学生把毕业论文拿到病房，修改完每一篇论文；5月20日，刘瑞玉参加了3名博士生的论文答辩，当时他的手脚都已浮肿，需别人搀扶才能站起来；5月29日，在中科院海洋研究所举行纪念童第周诞辰110周年座谈会上，他坚持参会并做了最后一次讲话，出来时被两个人架着送到医院……到了6月，躺在病床上的他拉着身边工作人员的手，虚弱地说："一定要告诉我，我还剩多少时间，我还有许多工作要安排。"

每次被邀请参加年轻人的论文答辩，刘瑞玉都非常开心。他会告诉对方，提前一周给他看论文。"一篇150页的论文，答辩前一周给他，答辩前两天他还给你，都是一字一句地修改。"中科院海洋所研究员李超伦说。

他就是这样甘为人梯，奖掖后进，为国内外培养了一大批高层次科技人才和学术带头人。

跑赢了时间

刘瑞玉的个性很直。"作为一名优秀的共产党员，刘老为人忠诚正直、坚持原则。"

2012 年 6 月 14 日，他在病床上用颤抖的手，在"刘瑞玉奖学金"捐款委托协议上，签下自己的名字，并在捐款时间上写下"随时"，完成了一生中最后的心愿。捐赠的 100 万元，帮助中国科学院大学设立"刘瑞玉海洋科学奖励基金"，奖励在海洋生物学领域成绩优异并取得重要研究进展的研究生。

这 100 万元，"装"在一个牛皮信封里，有老旧的存折，多年的存单……

"其实这件事我们很犹豫，因为知道这些钱都是他老伴去世前给他省出来的。"为刘瑞玉操办捐款这件事的宋林生研究员说："但几次先生给我打电话，说'你再不联系，我就发火了'。"

签完字，他不同寻常地高兴，冲着从青岛来的基金会工作人员连连作揖，连声说："这点钱给你们添麻烦了。"

"我要和生命赛跑"，在人们眼里，他的确跑赢了时间。

吴天一：马背上的好医生

　　八十多高龄的中国工程院院士、我国低氧生理和高原医学的主要学术带头人吴天一，被青藏高原人民亲切地称为"马背上的好曼巴（好医生）"。在超过半个世纪的高原医学研究生涯里，他的身上有多达14处骨折，双眼在40多岁就罹患白内障，更是在亲自试验高低压氧舱时被击穿耳膜。但这些都不能阻止他行走于青海、西藏、甘肃等大部分高海拔地区，开拓了"藏族适应生理学"研究；在青藏铁路修建期间，他制定的一系列劳动保护和高原病防治措施，确保了14万筑路大军高原病零死亡。

　　见到吴天一的时候，这位塔吉克族唯一的院士，刚从珠峰基地营回到青海西宁的高原医学科学研究院。

　　他问我们："喝水了吗？到了高原一定要多喝水，降低血液黏稠度。患高原病的原因除缺氧外，另一个就是高原太干燥，人体缺水，导致血液变得黏稠了，不利于循环。"

　　吴天一迅速地对初次见面的人说了一遍自己的塔吉克族名字"伊斯梅尔·赛里木江"，没等别人回过神来，他马上笑着说，因为塔吉克族名字长，所以父亲给他取汉名时，就用了两个简单的字，这个名字，几十年来在青藏高原很出名。三江源头、阿尼玛卿山下、星星点点撒落在高原上的帐篷里，只要他策马出现，人们都会高兴地迎接这个"马背上的好曼巴（好医生）"。

对青藏铁路的筑路大军来说，吴天一的名字更像"保护神"一样熟稔，他们每人有一本他编的《高原病防护手册》。在吴天一的指导下，这些工人没有一个人因为急性高原病而倒下，这是海拔 4500 米以上大群体高强度作业的奇迹，也是"高原医学史上的奇迹"。

"粉身碎骨"和"狼眼睛"是他的军功章

据说吴天一是个"粉身碎骨"的人，还有一双"狼眼睛"。

"'粉身碎骨'大概是说他有 14 处骨折，'狼眼睛'是说他的双眼因高原强烈的太阳辐射导致白内障，不得已装了人工晶体，到夜里就发绿。"

"我也会有高原反应，从平原地区来的人，到了海拔 3000 米以上的地方，大多会有反应，导致头疼心慌。"2010 年青海玉树地震是世界最高海拔的地震，当时 70 多岁的吴天一多次请命赶赴地震灾区，一面组织抢救伤员，一面救治从平原来的救护队员，并四处讲授高原病防护知识，经常工作到深夜。

吴天一介绍，藏族同胞的脸蛋经常红扑扑的（就是常说的"高原红"），其实并不是晒红的，那是因为大量毛细血管增生，使血氧可以四通八达运到身体的各处组织，这也是藏胞在高海拔地区健步如飞、如履平地的原因。

为了找到科学依据，吴天一启动了"高原低氧适应生理特征"课题，为此他学会了藏语，从 20 世纪 80 年代开始，深入青海、西藏、甘肃、四川、新疆西部的大部分高海拔地区，收集了数百万份科研资料，为他的创新性论点打下坚实的基础。

"如果你问我西宁哪条街道的位置，我可能不知道。但你要问高原的某个县某个乡在哪儿，海拔多高，我都能告诉你。"吴天一很自信。

他身上的 14 处骨折，就来自调查中遇到的多次险情。其中最严重的一次有四根肋骨骨折，一根肋骨差点就戳入心脏。很多时候，吴天一和队员们在零下三十多摄氏度的三江源头工作，蜷缩在单薄的帐房里，饿了就割下冻成冰坨子的羊肉直接吞食，渴了向牧民要点茶喝。更多的时候，是骑着马，赶着驮着仪器和行李的牦牛，在雪山草地行进。

牧民们大多是散居状态，从这家帐篷到那家帐篷，调查队员常常要骑马走上 30 多千米路。吴天一就说，我是塔吉克的好骑手，烈马我骑，最远的路我去。

"虽然艰苦，但不这么做，拿不到材料，做不了别人做不来的东西。"1985 年，他第一次提出了藏族在世界高原人群中获得"最佳高原适应"的论点，从科学上证明"居住高原历史最长的藏族已建立起最完善的氧传送系统和最有效的氧利用系统，表现为对氧的利用更充分、更经济、更有效，这是长期'自然选择'遗传适应的结果。"

至于"狼眼睛"，是他在阿尼玛卿山海拔 4660 米到 5620 米做高山生理研究的 5 年中患上的，强烈的紫外线作用，使他在 40 多岁时两只眼睛都患了白内障，只能手术治疗，植入了人工晶体。一到晚上，晶体就会发绿光，看着犹如一双狼眼睛。

亲身实验氧舱，耳膜多次被击穿

20 世纪 90 年代初，吴天一设计的大型高低压综合氧舱正式建成，这个舱上可升至海拔 1.2 万米，下可降至水下 30 米，对进行高原研究十分重要。在完成动物实验后，人体实验中谁第一个进舱引起了大家的关注？"我设计的，谁进？肯定是我进。"为此吴天一专门请海军总医院的工程师来操作这个新设备。

"当时从海拔 5000 多米下降的时候，压力下降速度太快，我突然头疼，耳朵里嘣一下，就什么都听不见了。"吴天一出舱后，那个工程师不停地道歉："忘了，把你当歼击机飞行员了。"

2011 年，已经 70 多岁的吴天一为了完成一项国际合作项目，坚持和国外同行一起进舱，早上 7 点半进，晚上 11 点出来，持续十来天。中间有一次，鼓膜又被击穿。

"我说话大声，是因为我听力不大好，也怕别人听不见。"

氧舱实验的结果派上了大用场。在青藏铁路建设中，吴天一就提出在铁路沿线建设供氧站、高压氧舱，这成了救治急性高原病人的最佳办法。

半个多世纪，没有离开过青藏高原

不管你信不信，吴天一的马术比医术出名，他是塔吉克族的好骑手。

高超的马术，对他在高原驰骋帮助很大，十多年的时间里，他将仪器设备、发电机，都背在马背上。那几年，他两、三个月就要换一双靴子。

要骑马蹚过高山上的河流，就必须在中午前通过，否则太阳一晒，雪水融化，小河会变大河，水流也会变得湍急，甚至把牦牛冲走，牧民都不敢过。但有一两次，因为情况紧急，吴天一一人骑马蹚过了险恶的大河，完成了急救任务。

"在阿尼玛卿山科考时，花了几天时间，艰苦跋涉到雪山乡，难免有些冰雪之路，总要过去。我马术好，就第一个骑马探探蹚，看能过不能过。"过河时，吴天一还叮嘱调查队员们每个人都要看着前面的人的后脑勺，"否则看着湍流就看晕了。"

1990年，吴天一组织中日联合阿尼玛卿山医学学术考察队进行科学考察，45天里，科研队从与海平面一样高的日本，到海拔2261米的中度高原，再到3719米、4460米的高原，最后在海拔5000米和5620米的特高高原建立高山实验室，获取了大量珍贵的特高海拔人类生理资料。

阿尼玛卿山，藏语里是指"黄河边上的爷爷山"，海拔6282米。阿尼玛卿山考察的最后阶段，由于日本队员一直生活在与海平面相同的地区，对缺氧敏感，大多发生了明显的高原反应，当吴天一提出向特高海拔突击时，日本队员放弃了，吴天一只好继续带着中方队员向特高海拔进军，并在海拔5000米以上每上升50米的时候，就对人的心肺功能和对氧气的利用率等进行记录，并在海拔5620米建立高山实验室，获取了大量宝贵的高山生理资料。这次考察获得了特高海拔人体生理适应及急性高山病发病机制的新的成果，吴天一也被国际高山医学协会授予"高原医学特殊贡献奖"。

20 世纪 50 年代，大学刚毕业的吴天一从学校走上朝鲜战场，之后他又走到青藏高原，从此半个多世纪没有离开过。吴天一说青藏高原太浩瀚，自己太渺小了。"表面上是我为青藏高原奉献了一辈子，其实是高原给了我一辈子。"

杨华勇：接地气的"麻辣"院士

杨华勇院士是重庆人，回国后一直任教于西子湖畔的浙江大学。但杨华勇性格里仍有着重庆火锅的"麻辣"劲，就像别人评价他：虽然是留学英国的"洋博士"，做的事却十分接地气——常年在企业厂房、施工现场摸爬滚打，穿山越岭去工地"出诊"也是平常事。

连战告捷的"土盾构"

长长的隧道穿江越洋、钻山入岭，地铁在城市底下四面通达。盾构机就是这个地下空间的"开路巨人"，和蚯蚓钻洞一样，盾构机挖隧道就是"啃"地下的土石，将土石变成泥石后，送到身后的传送带上运出隧道。以前，一台进口的直径为6.3米的普通地铁盾构机价格是6000万人民币。"为什么这么贵？因为我们自己没有。"杨华勇说。

在与中国中铁工程装备集团有限公司、上海隧道工程股份有限公司、中国铁建重工集团有限公司等龙头企业十多年的长期产学研合作中，浙大团队主要从事电液驱动、推进和控制系统的研发，这是盾构的"心脏"，也是国外技术封锁最严的部分。

2004 年，杨华勇带领团队研制出了具有自主知识产权的电液驱动和控制系统，但施工企业不愿意"冒险"使用。碰巧"机会"来了——上海地铁施工时，一台进口盾构机"趴窝"了。杨华勇和团队到了现场，修好了洋的，却换上了土的，一启动，大刀盘开始正常发力，传送带上，削下来的泥沙缓缓吐出。

之后，杨华勇带领的高校和企业联合科研团队，摘取了 2012 年度国家科学技术奖·科技进步一等奖，最重要的是，盾构机的"中国设计中国制造"，打破了"洋盾构"一统天下、中国隧道施工受制于人的局面，中国进入盾构装备设计制造先进国家行列。2013 年，52 岁的杨华勇成为中国工程院院士。

穿山越岭的"出诊"教授

杨华勇的留学经历也颇为传奇。他属于比较早的公派留学生，1984 年到英国，本来只是读硕士，奖学金也只够两年的学费，但他硬是读了个博士学位出来。博士毕业后回浙大参加国际会议时，在时任浙大校长路甬祥教授的邀请下，杨华勇留了下来。

杨华勇和浙江大学机电控制工程研究所的同事们认识盾构，是从诊治"水土不服"的"洋盾构"开始的。20 世纪 90 年代，随着进口"洋盾构"越来越多，穿山越岭"出诊"成了杨华勇和团队时常要做的一件事。也正是在这些过程中，他们发现盾构中很多问题都需要进行理论研究，于是开始申请科研基金，进行科研攻关等。

和杨华勇一起留学的那批人，有不少人因为各种原因没有回国。"头十年我每次见到他们，他们都讲你忙得要死到底在忙什么！他们的生活和工作很有规律，日子过得也舒服。我们则是整天起早贪黑。"杨华勇说："但我们是加速度发展，虽然实验室条件差很多，但队伍的氛围很好，有着瞄准国外先进水平的心气。"

到后来，杨华勇跟国外的这些朋友说起团队干了什么事的时候，对方就感慨这些在国外都做不到，"所以，一直觉得很幸运能赶上了国家大发展。"

不做"抄图工"的实干家

从最初"被迫"跟企业打交道，到后来成为一个接地气的院士，杨华勇对创新有着自己的看法。

杨华勇说，科技成果转化为现实生产力并不容易，所以高校不仅要关心"中国的 0 到 1""世界的 0 到 1"，更要去对接"1 到 10""10 到 100"……也就是在技术转化成产品后，还要去帮助企业解决可靠性的问题，使企业能够实现大规模稳定生产。

于维汉：大爱仁心铸医魂

他几十年如一日，坚守在克山病防治一线，解除了千万患者的病痛，群众称他是"百姓的教授""百姓的好医生"。他就是我国克山病防治泰斗、中国工程院院士于维汉。

如今，时光已将他的听诊器封存，也封存了一部长达 50 年的克山病防治史。但无论是松花江畔知名医科大学的校园，还是东北某一个偏僻屯子，人们都不会忘记他那高大的身影和宽厚的灵魂。人们不断地谈论起"百姓的教授""百姓的好医生"……

他叫于维汉，是中国工程院院士、哈尔滨医科大学教授，也是老乡眼中可亲的"于老疙瘩"。

向病魔宣战

克山病曾是一种原因不明的地方性心肌病。这种病发作突然，重症患者死亡率高，可在数小时或一两天内死亡，曾经被视作东北农村里的"瘟疫"。

1953 年，31 岁的哈医大副教授于维汉来到黑龙江省北部克山病重病区克山、北安、德都、富裕等县抢救克山病患者。但在当时，控制和消灭克山病对于医学界而言是一项新课题，也是难题，于是他决定在病区待下去，直到发现病因，驱走病魔为止。

1958年12月31日，于维汉在克山县北合村果断地把100毫升葡萄糖和一个剂量的"冬眠1号"注射到一名重症克山病病人的静脉里，这种疗法的效果也让心慌的患者脸上露出了笑容。此后使用这种通用疗法，急性克山病的治愈率由30%提高到95%，是克山病防治史上一大突破。在长期防治实践中，于维汉还找到服用洋地黄治疗慢性、亚急性克山病的方法，经临床治疗，75%以上患者的心力衰竭症状可以得到控制。其后，他又总结出服用洋地黄和改善膳食结构的结合疗法，随后又阐述了微量元素、蛋白质、维生素等与克山病的关系……

给穷人看病

于维汉在克山病区留下的不仅仅是一个个痊愈的患者，还留下了一个个感人肺腑的故事。

2010年11月17日，88岁的于维汉去世，消息传到富裕县、克山县等曾经的克山病病区，许多老乡拿着他的照片失声痛哭。

克山病其实是个"穷病"。克山病很少发生在城市，越是偏远地区，发病率越高。于维汉这个从小家境优越、出身大城市的大学教授，成了一个专门给贫困地区患者看病的大夫。

"这个教授一看就很特别，往老乡炕上一坐，拿起饼就吃，端起大碗就喝，和老百姓打成一片。"从1966年起跟随于维汉的原哈医大二院心内科教授关振中说，于维汉不是农民，却仿佛和农民有着天生的血脉联系，看不得农民受半点儿苦。他坚持到病人家中、炕头去看病。由于身材高大，常常是跪在炕上抢救病人。

由于长年在农村工作，于维汉和老乡们像兄弟姐妹一样随意、亲近，也成了老乡们的"于老疙瘩"，在东北话里，老疙瘩是兄弟姐妹里最小的一个，也是最受疼爱的一个。

老百姓是天

在于维汉众多弟子的眼中，老师几近完人；在外国友人的口中，于维汉是一个"和神一样的人"。"病人把希望和生命交给了我们，我们必须尽到一个医生的责任。一个好医生是在病人的身边成长起来的。"关振中犹记得于维汉说的这一番话。

几十年前的一个冬天，一群哈医大的学生到克山县实习，下了火车，赶牛车接他们的是一个穿着羊皮大衣、戴着狗皮帽子的老大爷。一路上，学生们跟老大爷搭话，有的问今年收成怎么样，有的问今年雪大不大，等别人一介绍，才知道这个老大爷就是早已闻名的于维汉教授。

几十年后，在一个鸦雀无声的会场上，一群80后、90后的年轻人抑制不住内心的激动而热泪盈眶，他们听的正是于维汉的事迹报告会。这是于维汉和两代青年的交集，也同样激励了两代年轻人。

关振中记得，于维汉曾经自语："我一生和农民有深厚感情，和党有深厚感情。"

第四章

飞天英雄

杨利伟："中国人来到了太空"

杨利伟至今记得，他代表祖国出征那一天的所有细节。

2003 年 10 月 15 日，飞船于当天 9 时整发射，进舱时间是 6 时 15 分。当时钟指向早上 6 时，杨利伟在 50 多米高的发射平台上，现场只剩下 4 个人：杨利伟、一位教员、一位工程师和一位医生。几个人默默无语，只听见塔架发出的机械声。过了一会儿，负责关舱门的工程师问杨利伟："知不知道当年给苏联航天员加加林关舱门的工程师现在在干什么？"杨利伟答："还真不知道。"工程师说："他现在成了俄罗斯航天博物馆的馆长。"

6 时 15 分，杨利伟接到了进舱命令。进舱之后，他用了十几分钟完成接收飞船程序，并把确认单交给工程师。关舱门前，工程师对杨利伟说："利伟，明天见。"杨利伟微笑着答："馆长，咱们明天见。"

实现飞上蓝天的梦想

1965 年 6 月 21 日，杨利伟出生在辽宁省葫芦岛市绥中县一个普通家庭。上幼儿园时，他的名字还是"杨立伟"，等到上了小学认了字，他觉得"站立"的"立"哪有"胜利"的"利"有气势啊，于是自己改成了"杨利伟"。

20 世纪 70 年代的孩子们太多崇拜英雄、渴望胜利，他们从小听着董存瑞、黄继光、邱少云、雷锋等英雄的故事。杨利伟特别喜欢看书，但家里确实没钱，他就出去捡废品卖钱，一分钱一分钱攒，攒够几毛就买一套书，就这样积攒了很多小人书，大多是《水浒传》《岳飞传》《铁道游击队》之类惩奸除恶、保家卫国的英雄故事。

绥中有个军用机场，有一年八一建军节，学校组织学生们去机场看飞行表演，杨利伟看着银色的飞机腾空而起、又从天而降，飞行员穿着飞行衣、戴着飞行帽，从飞机上下来，高大而神气，心里又崇拜又羡慕。从那以后，他经常在机场旁边一站许久，看飞机、看飞行员跳伞，飞上蓝天的梦想逐渐在心里扎下了根。

1983 年 6 月，杨利伟顺利通过招飞考试，成为保定航校 1700 多名飞行学员中的一员。军人做事追求极致，强调执行力，要做到胆大心细、准确认真，尤其作为飞行员、航天员，任何细小的误差和失误，都有可能影响到任务的完成、威胁到生命的安全，军中无小事，往往细节决定成败、决定生死。

1984 年夏天，杨利伟和几十个同学被转到新疆的空军第八航校去学飞战斗机。八航校训练任务重、淘汰压力大。大部分课目，杨利伟都做到了第一批放单飞，但是在抗过载和高速翻滚两个课目上遇到了障碍，为了克服困难，他在正常训练之外给自己"加餐"——左手捏右耳、右手捏左耳，原地打圈，锻炼前庭功能。1985 年，杨利伟顺利完成了初教 6 和歼教 5 单飞训练。

毕业后，杨利伟所在中队被分到空军某师驻甘肃的一个飞行团，一年多后，他又随部队转场到了陕西，飞"强5"轻型超音速强击机。

1992年夏天，杨利伟遭遇了终生难忘的"空中停车"事故。那是在马兰机场执行训练任务时，他驾驶着飞机，贴着白花花的地面高速前进，突然，飞机发出巨大的响声，仪表显示气缸温度骤然升高，发动机的转速急剧下降。杨利伟第一反应就是：遇到"空中停车"特情了！这时飞机在一种失控的状态下飞行，借助惯性，它仍然飞得挺快，待动力不再供给的时候，飞机很可能失速，像中弹一样跌落下去。一架飞机价值不菲，是国家的财产，杨利伟丝毫没有弃机逃生的念头，只想着一定要把飞机飞回去。冷静下来后，杨利伟稳稳地握住操纵杆，慢慢地收油门，依靠剩下的一个可以工作的发动机把飞机一点点往上拉。500米、1000米、1500米……凭借自己的判断，杨利伟驾驶着飞机慢慢上升，终于越过天山山脉，向着机场飞去，并稳稳降落在跑道上。

1992年底，部队精简整编，杨利伟所在的空军师被整个裁掉。1993年初，杨利伟来到驻川航空兵某团，由"强5"改飞"歼6"，他用了两年多时间，飞完了歼击机的基础课目，掌握了全部技能。到1996年为止，作为飞行员，杨利伟基本年年飞全勤，安全飞行1350小时，成为一级飞行员。

中国航天史翻开新的一页

1995 年 9 月，经中央军委批准，载人航天工程指挥部从空军现役飞行员中选拔预备航天员。杨利伟在意外、兴奋中接到了参加航天员选拔的通知。经过严格的体检、层层选拔以及特殊功能检查，1997 年底，包括杨利伟在内的 12 名飞行员来到了北京。

1998 年 1 月 5 日，中国航天史翻开了新的一页 —— 中国人民解放军航天员大队正式成立。那天，杨利伟和战友们在国旗下庄严宣誓，并郑重地签下自己的名字。

从此，这 12 人和先前加入航天员队伍的 2 名"国际航天员"证书拥有者吴杰、李庆龙便一同"隐居"起来，成了北京航天城里最神秘、最难以接近、最不自由的人。严格的管理既是对航天员的保护，也是他们成为一名合格航天员的保证。他们要在 5 年时间内学完航天医学、地理气象学、高等数学、自动控制等基础理论和体质训练、心理训练、航天环境耐力和适应性训练、航天专业技术训练、飞行程序与任务模拟训练、救生与生存等 8 大类近百个训练科目。

为了完成飞船模拟器训练，杨利伟把能找到的舱内设备图和电路图都找来，贴在宿舍的墙上，随时默记，还专门买了台摄像机，把模拟器各舱段内的每个角落，都拍了照片、录了录像，反复观看、随时练习。训练课结束后，那些密密麻麻的图表和键钮深深印在了杨利伟的脑海里。体质训练是杨利伟的强项。2001 年他 36 岁，百米比赛跑了 11 秒 97，创造了单位运动会的百米纪录。他的前庭功能、超重耐力等，都是当时航天员中最好的。在航天员的全部学习训练课目结业总评中，杨利伟综合成绩排名第一。

备战神舟五号任务期间，杨利伟遇到了一个很大的困难。2001年底，妻子玉梅得了严重的肾病，因为丈夫训练紧张，5岁的儿子需要人照顾，拖了大半年没有去检查，直到出现尿血才去了301医院，当时就被留院治疗，并做了穿刺手术。玉梅术后第二天，杨利伟要去吉林进行飞行训练，训练是一次性的，无法补课。走还是不走，他的心里充满痛苦和矛盾。那晚，他在妻子病床前坐了整整一夜。妻子看出了他的心思，故作轻松地动员他按计划去参加训练。接下来的一年多时间里，玉梅每个月有10天要在医院里度过，每次杨利伟都提前开好转院单，把她送到医院办好手续，再赶回航天城继续训练。玉梅住院期间，大队特批杨利伟可以住在家里，但他坚持每晚照顾孩子入睡后就开始学习理论，第二天清晨把孩子送上学校的班车，再赶回去继续训练。

中国飞天第一人

2003年7月3日，中国首批航天员选拔结果揭晓：与杨利伟一同参加选拔的14名航天员全部具备了独立执行航天飞行任务的能力，予以结业并同时获得三级航天员资格。后来，专家们在14名通过考核的航天员中，选出5名表现更为突出的进入下一阶段选拔，2个月的强化训练后，选出3人进入首飞梯队，最后通过具体针对首飞任务的训练模拟，确定执行任务的1名航天员。考核排位十分残酷，很多课目中，第一名和最后一名的分差只有一两分甚至零点几分。

2003 年 9 月中旬，通过选拔的航天员来到酒泉卫星发射中心载人航天发射场，进行最后的训练和选拔。杨利伟和翟志刚、聂海胜组成的 3 人首飞梯队进行了"人—船—箭—地"联合检查演练。

2003 年 10 月 12 日，杨利伟和翟志刚、聂海胜就要奔赴酒泉卫星发射中心的。头一天晚上，杨利伟特意回了趟家。平时，家里的电子闹钟都是他调，他拿起闹钟对玉梅说，"我走了，你不会调表，我教教你吧"。杨利伟说得似乎很随意，但玉梅一下就听出了他的意思，一把抢过闹钟，坚决地说："不，等你回来给我调！"

2003 年 10 月 14 日下午，载人航天工程指挥部在酒泉卫星发射中心召开会议，确定杨利伟为首飞航天员，翟志刚、聂海胜为备份航天员。尽管心里热流涌动，杨利伟还是尽量保持心理稳定，平静地说："感谢祖国和人民给了我这个机会，我一定以一颗平常心去做好准备，完成首飞任务。"

2003 年 10 月 15 日凌晨 2 时，随行医生将杨利伟和翟志刚、聂海胜唤醒，开始任务前的体检和各项测试。"10、9、8、7……"当指挥员倒计时口令传来时，杨利伟情不自禁地举起了右手，向祖国和人民敬了一个庄严的军礼！9 时整，在震耳欲聋的轰鸣声中，火箭拔地而起，载着杨利伟飞向太空。他全身用力，肌肉紧张，整个人收得像一块铁。飞船逐渐加速，负荷逐步加大，当他感到那种压力远不像训练中那么大，全身的肌肉才渐渐放松下来。

火箭上升到三四十千米的高度时，突然与飞船产生了强烈共振，杨利伟感到眼前一片漆黑、五脏六腑似乎都要震碎了，这是在地面训练时从未经历过的。杨利伟咬紧牙关坚持着！共振似乎是太空在考验这位来自中国的首个造访者。不适感很快减轻了，杨利伟感到从没有过的轻松和舒服，让他如释千钧重负。

火箭继续往大气层外飞去，速度越来越快。逃逸塔分离，助推器分离，一、二级火箭分离，整流罩分离……杨利伟突然感觉到自己的身体似乎飘起来了，他意识到，飞船已经脱离地球引力，真的来到了太空。舷窗外，阳光把飞船太阳能帆板照得格外明亮，飞船下边就是人类居住了几百万年的美丽地球。蔚蓝色的地球披着淡淡的云层，长长的海岸线在大陆和海洋间清晰可辨。飞船绕着地球高速飞行，90分钟一圈，一会儿白天，一会儿黑夜。黑白交替之间，地球边缘仿佛镶了一道漂亮的金边，十分迷人。

虽然是独自在太空飞行，但一想到亿万祖国人民翘首以待，杨利伟觉得自己是代表着所有中国人甚至是人类来到了太空。他拿起太空笔，在工作日志的背面写上了这样一句话："为了人类的和平与进步，中国人来到了太空啦！"并在舱内镜头前向祖国人民、世界人民展示。

"为了人类的和平与进步"，是中国发展载人航天事业的初衷；"中国人来到了太空"既描述了一个历史时刻，也表达了为祖国航天事业感到无比自豪的心情。

当飞船飞行到第7圈时，杨利伟在太空展示了中国国旗和联合国旗，表达了中国人民和平利用太空，造福全人类的美好愿望。

根据飞船飞行程序的安排，杨利伟可以在太空中休息6个小时，但他只睡了半个多小时。他除了完成规定的飞行程序和任务外，抓紧分分秒秒，尽可能多地体验在太空中的失重感受、多做一些动作、多拍一些资料，为今后的训练和任务多积累经验。杨利伟把飞行手册、摄像机皮包、笔和电池板等物品抛在空中，用手轻轻一推，它们就会飘动旋转。他还解开束缚带让自己飘在空中，一会儿倒立，一会儿旋转，做各种动作体会失重情况下身体的感受。他把这一切都录了下来，带回了地面。

赶上航天事业蓬勃发展的好时代

2003年10月16日4时31分，杨利伟在神舟五号飞船上接到了返航的命令。6时许，飞船脱离原来的轨道，沿返回轨道向着陆场飞行。

返回阶段，是整个飞行最关键也是最危险的阶段，飞船要以每秒8千米的速度穿越"黑障区"，船体要经受几千摄氏度高温的考验，航天员要承受比发射升空时更让人难受的载荷冲击力。按照程序规定，杨利伟精心做好了各项准备。

6时04分，飞船飞至距地面100千米处，进入稠密大气层。这时，惊险一幕出现了：飞船与大气摩擦产生的高温，把舷窗外面烧得一片通红，在通红的窗外，飞船表面防烧蚀层剥落产生的红色白色碎片不停划过。一瞬间飞船变成了一团大火球，杨利伟仿佛坐在一个熊熊燃烧的炼丹炉中。

几分钟后，与地面的通信恢复了，杨利伟知道40多千米的"黑障区"已顺利穿过，再过几分钟，就要着陆了。他仔细观察着各种仪表，牢牢握紧操作杆，准确判断着陆程序的执行情况。随着引导伞、减速伞和主伞相继打开，飞船速度逐渐慢下来。由于强大的惯性作用，飞船出现自身旋转和大幅度来回摆动，巨大的冲击力冲撞着他的全身。离地面越来越近，随着"嘭"的一声巨响，飞船返回舱防热大底抛掉了。就在飞船即将落地的一瞬间，杨利伟准确地操作反冲发动机点火。在确定飞船已经落地后，他迅速切断伞绳。

6时23分，飞船降落在内蒙古四子王旗阿木古郎草原腹地，而这一时刻，正好是当天天安门升国旗的时刻。飞船落地时，杨利伟的嘴唇被头戴式麦克风磕了一下，鲜血一下子流了下来。但他顾不得了，为了这次飞行，命都可以不要，流点血又算得了什么？！

杨利伟向指挥部报告："我是神舟五号，我已安全着陆。"几分钟后，着陆场搜救队员就来到返回舱旁边，帮他打开舱门。开舱门的年轻士兵叫李涛，一看到他，杨利伟的第一个念头就是——可算见着亲人了！

飞天归来，祖国和人民给了杨利伟崇高的荣誉，他也发誓要倍加珍惜这份光荣，争取创造更大辉煌。

2008年7月12日，杨利伟被授予少将军衔，成为中国航天员队伍里第一位将军，并先后担任中国航天员中心副主任和中国载人航天工程办公室副主任、中国载人航天工程办公室主任。从一名士兵成长为一名将军，从一名担负飞行任务的航天员成长为一名载人航天工程组织管理者，杨利伟庆幸自己赶上了祖国航天事业蓬勃发展的好时代，才有了实现理想的机遇和平台。

每次参加国际会议和航天交流，国外航天界的同行总是盛赞中国航天事业的飞速发展，惊叹于中国的成就。杨利伟到美国参加会议时，曾经和阿姆斯特朗一同登月的美国宇航员奥尔德林专门来到杨利伟住的酒店拜访他，80多岁的老先生激动地说："没有中国人的太空是不完美的。祝贺你！祝贺中国！"

景海鹏：时刻准备着接受祖国的挑选

北京航天城里，景海鹏和其他航天员一起，航天员们进行着空间站任务学习和训练，为逐梦空间站做着精心准备。

回想 2017 年 7 月 28 日，景海鹏依然激动。这是他个人的荣耀，更是属于全体航天员的荣光。八一大楼里，当时 51 岁的景海鹏以挺拔的身姿走上前台，亮闪闪的"八一勋章"紧贴胸口，让他心潮澎湃 —— 这既是向最优秀军人颁发的最高荣誉，也是伟大祖国给勇敢战士授予的最高荣誉。

2008 年 9 月 25 日，景海鹏与航天员翟志刚、刘伯明组成神舟七号飞行乘组，执行载人飞行任务。这是景海鹏的首次飞天，也是等待了 10 年后的第一次飞行，他的心里每一分每一秒都充满着圆梦九天的激动。首次飞天就要面临首次出舱，难度可想而知。执行任务中，神七乘组遇到了意外。当翟志刚打开舱门准备出舱之时，飞船里响起了轨道舱火灾报警声。神七乘组团结协作、沉着应对，完成了出舱壮举。虽然后来判明是仪表误报警，是一场虚惊，但着实让他们尝到了什么是惊心动魄，什么是生死考验！回到地球后，有人问景海鹏："当时你们有没有想过回不来？"他回答："即使我们回不来，也一定要让五星红旗在太空飘扬。"

景海鹏从"神七"下来后，心里还有点小小的遗憾：因为时间短、任务重，在太空虽然拍了一些照片、视频，但是跟自己的要求还差得远，"没有把祖国的大好河山拍下来"。那个时候他根本没有想到，自己还有机会重上太空，弥补这个遗憾。

机会为有准备的人而留，这话用在景海鹏身上，非常贴切。"神六"入选乘组梯队，"神七"执行任务，"神九"担任指令长。其实，"神七"任务刚结束，景海鹏就已全力投入载人交会对接专项训练。

景海鹏一步一个脚印。这些脚印的背后，是艰苦的付出，是执着的坚守。

不用说专业技能水平多高、训练多么刻苦，一件小事也许可以折射景海鹏对自己的要求：景海鹏应邀回母校解州中学作报告。看到老师和同学们坐在露天的操场上，报告席却设在搭着凉棚的主席台上，他执意不肯。他说："我是来向各位老师、校友报告自己离开母校后的学习工作经历的，应该站着向大家汇报。"最后，他走下主席台，站在操场上整整讲了4个半小时。或许，他把生活中的细节都当作对自己的考验、对意志品质的锻炼。

"进取心非常强、素质非常全面、协调配合能力非常强"，中国载人航天工程航天员系统原总指挥、中国航天员科研训练中心原主任陈善广用三个"非常"评价他的"爱将"。

"工作、学习过程中，他把荣誉放一边，和我们同甘苦、共命运，是我们的榜样"，"神九"搭档刘旺这样表达对他的敬意。

女航天员刘洋对这位老大哥非常敬佩,"参加学习训练,他比我们这些初次执行任务的航天员还认真。"

在景海鹏的影响和带动下,航天员们都养成了在地面模拟太空生活的习惯。他们用过的纸巾、喝过的矿泉水瓶盖,都会很自然地装进训练服衣兜,盖好兜盖,再用粘扣粘牢。"我对自己要求很严,标准也很高。对我们来说,每次任务结束以后,从零开始。"景海鹏说。

2012年6月16日,景海鹏同航天员刘旺、刘洋一起执行神舟九号载人飞行任务。再度飞天,景海鹏肩上多了一份责任,作为乘组指令长,时刻要眼观六路、耳听八方,不仅要确保自己的操作零失误,还要保证整个乘组的工作准确无差错,并让乘组发挥出"1+1+1>3"的理想效果。13天太空飞行的任务,景海鹏经历过两次48小时没有睡觉。神舟九号载人飞船安全返回,当看到迎接航天员凯旋的人群,景海鹏的眼泪流了下来。

2016年10月17日,景海鹏和航天员陈冬又踏上了飞天的征程,共同执行神舟十一号载人飞行任务,完成33天的空间实验室任务。三度飞天的景海鹏觉得,正是千千万万的航天科技工作者,几十年如一日地不懈努力,用辛勤和汗水,用智慧和力量托举着航天员们一次次实现梦想,把"千人一杆箭""万人一颗星"的载人航天工程创造出辉煌的成就,他们才是真正的英雄。

这么多次进入太空,是一种什么感受?景海鹏爽朗地笑了,为了虚名?当然不是。载人航天是高风险职业,选择了,那就意味着风险、挑战,还有奉献。

真正的答案很朴实。景海鹏说，是对航天员这个职业的热爱，对祖国的热爱。从参加 1996 年首批航天员选拔开始，景海鹏就喜欢上了这个职业。1998 年正式进入航天员大队至今，日复一日的训练，就为了等待飞天的那一刻。多次飞天任务的考验、磨砺，对景海鹏来说，对这份职业的热爱已深入骨髓。"我的职业就是航天员，这是我的本职工作，如果我干别的，那叫不务正业。"

从农家娃到英雄航天员，景海鹏说，自己能够实现一个又一个梦想，登上一个又一个台阶，这都是国家培养的结果。他认为最好的回报国家的方式，就是多执行任务。把所有科技人员的智慧，通过航天员的双手在太空实现，把有用的大量数据带回来，造福于国家，造福于人类。

在搭档陈冬看来，无论是日常训练还是任务前的模拟训练，景海鹏都是异常严格的。"干航天员这个职业，来不得半点差不多行了。"这是景海鹏常说的话。平常训练遇到问题，只要不解决，景海鹏晚上做梦都会想这件事。每天不管训练到多晚，景海鹏都会和陈冬一起，拿出一个半小时到两个小时，一起梳理当天的程序、故障、实验操作等。

离神舟十一号发射任务还有十几天时，针对航天员的几十项考核全部结束，景海鹏和陈冬的成绩都很优异。但他们还是在考核完的当天下午又找了一位专家，专门请教与 B 超有关的问题。"这次在太空中要进行在轨失重的心血管研究，全靠我们自己做 B 超成像。尽管我们在地面上已经进行了半年多的训练，但还是要把各种可能出现的异常情况都考虑到。"景海鹏如是说。

50 多岁的景海鹏，看起来依然年轻，充满活力。在这个中国人"知天命"的年龄里，他英姿勃发，为探索天空和宇宙拼尽全力。"我不认为自己老了，年轻人打篮球也未必打得过我！"他笑着说。

人们也不止一次地问景海鹏：你是不是还要去飞？景海鹏说，重返太空、多次飞天，几乎是世界上所有航天员的心愿，这也是航天员的职业追求。

"我的各方面状态都很好，我会时刻准备着接受祖国的挑选，争取再多上几次太空，再当一次先锋，再打一场胜仗，让浩瀚太空再次见证一名共产党员、一名革命军人、一名新时代中国航天战士的忠诚！"这是景海鹏扎扎实实的回答。

刘洋：随时准备挑战新高度

2012 年 6 月 28 日，神舟九号飞船即将与天宫一号目标飞行器进行分离并返回地球，在回到飞船前，刘洋转身对着天宫一号郑重敬礼，心里默默地告诉自己："在不久的将来，我一定还会再回来！"

刘洋是中国首位飞天的女航天员。从神舟九号的突破空间飞行器交会对接技术到神舟十四号的建造空间站，正好是我国载人航天工程"三步走"战略"第二步"和"第三步"的关键节点。

2022 年，作为神舟十四号航天员，刘洋再次飞天，她说："我们幸运地赶上了国家发展的好时代，我们一定会将祖国的荣誉写满太空！"

刘洋和陈冬同属我国第二批航天员。和所有的航天员一样，能吃苦是标配，但吃的苦各有不同。从飞行员到航天员，经历的是脱胎换骨般的淬炼。学习、训练……刘洋从没在晚上 12 点前熄过灯，几乎没给自己放过一天假。

2009 年，刘洋作为空军运输机飞行员，刚好赶上在空军飞行员中选拔第二批航天员，她通过层层考核，顺利入选。入队刚两年，又赶上了我国实施载人交会对接任务，她以优异成绩通过定选考核，成功入选任务乘组。

命运的垂青，来自她对自己的严格要求和艰苦磨炼。为了能早日飞上天，她付出了比别人多几倍的汗水。晨练的时候，别人跑5千米，她就跑7千米。2001年毕业后，刘洋被分配到广空航空兵某师。她刻苦钻研飞行技术，在同批女飞行员中第一位"放单飞"。

飞行并不浪漫，而是充满了风险和挑战。2002年9月的一天，刘洋驾驶战鹰进行仪表飞行。飞机起飞后在离地10米左右时，突然听到"砰"的一声巨响，一股鲜血喷到风挡玻璃上，座舱内充满了焦糊味。危急时刻，刘洋表现出年轻飞行员少有的镇定，她集中精力保持飞机状态，和机组成员密切协同，实施紧急着陆。成功降落后一检查，飞机共撞上了18只信鸽，有两只被吸进了进气道。如果应急处理稍有差池，后果不堪设想。

被确定为"神九"首飞梯队航天员后，当时34岁的刘洋既感到被祖国和事业需要的巨大幸福，又深感沉甸甸的责任。但成为航天员短短两年后就要飞天，除了更刻苦、更勤奋，别无他路。她成百上千次地重复同样的操作，画出无数张座舱、仪表图、线路图，贴满住处，使自己闭上眼睛都知道按钮的位置、形状、颜色，并能准确无误地操作。刘洋随神舟九号驻留太空13天，在浩瀚宇宙留下中国女性的身影。

"神九"任务中，刘洋主要负责航天医学实验和空间试验管理，内容达数十项。对于一位进入航天员大队刚满两年的"新兵"，这的确是一次严峻的考验。

刘洋深知自己的责任，自2010年5月加入航天员大队，到2012年6

月首飞，两年来，她一门心思扑在学习训练上。要在两年时间里浓缩训练两位搭档花费 14 年才学完的训练知识，除了更刻苦、更勤奋，别无他路。因为热爱这个事业，刘洋耐住了这份艰苦和寂寞。

除了单调乏味的生活，更大的挑战是各种身体适应性训练。刘洋现在可以像男航天员一样，在 8 倍于自己的重量压在身上时，依然可以保持头脑清醒，正常操作。

从加入航天员队伍到首飞的两年时间，刘洋也从来没有逛过街，也没有看过电影。"不少人问我：这种日子很辛苦吧，学习训练这么紧张，很累吧？我真的没有感觉到辛苦，反而觉得非常幸福，是一种被组织信任、被祖国需要的幸福。"

刘洋小时候生活在河南郑州一家工厂的家属院，因为学习成绩好，一直是邻居们教育孩子的榜样。她是家里的独生女，更是父母的"贴身小棉袄"。

作为年轻人，思维活跃、性格开朗的刘洋给杨利伟这位前辈留下了非常深刻的印象。杨利伟说，因为年龄有十三四岁的差距，从性格到对事物的看法，刘洋和他们都"非常不一样"。但刘洋也有着比同龄人更强的使命感，骨子里的军人味很浓。

人类总是一步步走向更远的地方，"神九"归来，刘洋只把这次任务看作是她航天员职业生涯中的一个小目标。第一批航天员们还在跟自己并肩战斗，一代代航天人还在刻苦攻关、默默奉献，自己的使命，就是不断飞向新高度。

　　备战空间站任务，遇到的困难和挑战远超想象。在太空驻留时间更长，出舱活动成为常态……这些都对航天员的知识、技能、体力、心理等方面提出了更高的要求。神舟十四号任务的难度和神舟九号任务不可同日而语，刘洋需要熟悉舱内设备、管路连接、出舱活动、机械臂、科学研究等极为复杂的内容。刘洋认为，没有捷径，没有巧工，只有加强针对性和适应性训练。

　　出舱活动训练是强度最大、训练时长最长的训练。其中，水下训练又是重中之重，单次训练时长和强度都最大。第一次参加舱外服水下试验，刘洋在沉重的服装中才工作了三四个小时，手就已经抖得拿不住笔，握不住拳，而真正的出舱活动训练，一次就要连续工作七八个小时。出舱活动对上肢力量的要求很高，刘洋认为与任务需要相比，自己的力量还有一定的差距，就暗暗给自己加码。体训时，她来得早，训得长，走得晚。回宿舍还要"加餐"，举杠铃、练握力器。后来，每次练臂力的时候，航天员"师兄们"都开玩笑地说："你可别练了，再练就超过我们了。"

　　新一代飞天舱外服进行水下验证试验时，刘洋主动报名。当她穿着厚重的水下服被吊车放入10米深的水槽中时，水波纹产生的晃动经过凸面的头盔面窗后，在视觉上产生放大效应，使得她产生巨大的眩晕感。工作间隙，她"挂"在舱壁上一动不动。医生和试验指挥都建议她上岸休息，她回绝了。每套水下服的寿命有限，下一次水就减少一次寿命，她不能因为个人原因而终止整场试验，给试验造成人力和物力的损失，于是咬牙坚持挺过整场水下试验。

刘洋曾说过一句话：太空不会因为女性的到来而降低它的门槛，太空环境不会因为你是女性而对你特殊照顾。

48 小时沙漠生存训练结束时，刘洋又累又渴，还要顶着烈日在发烫的沙子里背着背囊徒步行进 5 千米。团队友让少背点装备，刘洋坚决不干，她认为自己是一名战斗员，要跟大家一样贡献力量，而不是添麻烦。坚持，坚持，再坚持一下。遇到困难时，刘洋总是这么告诉自己。

刘洋珍惜每次训练的机会，认真体验，形成肌肉记忆。训练之余，她还根据自己的飞行经验，参与各类太空产品的设计改造工作，大到太空舱、环控生保系统，小到太空垃圾收集装置、太空食品、舱门手柄，她都提出了自己的想法，很多合理化建议被采纳。

再次进驻太空，刘洋对太空生活充满期待，更期待中国空间站在他们手里顺利"竣工"，期待在空间站迎接下一批乘组的欢聚时刻。

王亚平："摘星星的妈妈"

2021 年 10 月 16 日 0 时 23 分，伴随着大漠温柔的月色，神舟十三号载人飞船腾空而起，冲破云霄，驶向中国空间站。

神舟十三号的"航天天团"由三个人组成，担任指令长的是人们熟悉的"太空漫步者"翟志刚，队员里有第二批航天员里最年轻、也是首次飞向太空的叶光富，还有时隔八年再次升空的女航天员王亚平。

航天员王亚平因"太空教师"为大众熟知。执行"神十三"任务是王亚平 2013 年执行神舟十号任务后再度进入太空，为此她又增添了不少标签：中国首个进驻空间站的女航天员、太空驻留时间最长的中国女航天员，以及首个出舱的中国女航天员。

神舟十号任务时，王亚平在聂海胜、张晓光的支持配合下，完成了一堂 40 多分钟的"太空授课"，利用失重环境演示了多项物理实验。

这场"天地互动"让学生们身临其境，好似真的成了坐在无边宇宙教室中的一员，也给无数人心中种下了飞向宇宙的种子。王亚平回到地面后的这些年，收到了许多立志想当航天员的学生们的来信，现在，有的孩子真的报考了航空航天专业，有的甚至成了王亚平的同事。

这次科普任务让中国成为继美国后第二个成功完成太空授课的国家，世界上第一位"太空女教师"、2007 年美国"奋进号"宇航员芭芭拉·摩根还给王亚平送上祝福，对她说："我代表全世界的教师和学生向你致以荣耀和爱的问候。我们为你骄傲。"

每一次意气风发的出征背后，都是无数不为人知的苦练和拼搏。王亚平 1980 年 1 月出生在山东烟台的一个小村庄，父母都是朴实的农民，小时候家里的主要经济来源是种植四五亩樱桃林。王亚平一直是体育尖子生，从小到大都是学校校队的成员，多次参加区、县的长跑比赛，有着惊人的意志力，不怕累也不服输。

17 岁那年，王亚平凭借过硬的身体素质和优秀的文化课成绩通过了空军选拔，进入长春飞行学院，成为全国第七批 37 名女飞行员中的一员。

飞行员的训练是常人难以想象的艰辛考验。在飞行学院学习，不仅意味着大学课程不能落下，体能训练和军事训练也一刻都不能少，拉练、游泳、跳伞都是必备的项目。

王亚平还记得自己第一次跳伞时的场景："我是第 4 个跳的，第一次跳还没来得及害怕就过去了，第二次时反而感觉特别害怕。"在那天回去的车上，同学们一起唱起《真心英雄》，唱得一个个泪流满面。

1999 年，王亚平第一次在教员的带飞下飞上了蓝天，俯瞰脚下的壮丽河山时，王亚平第一次感受到了身为飞行员的自豪，自此开启了与美丽苍穹的深厚缘分。

之后近十年里，作为一名运输机飞行员，王亚平执行过汶川抗震救灾、北京奥运会消云减雨、部队战备演习等重大任务，她飒爽的身影在空中不停穿梭，安全飞行近 1600 小时。

2003 年，杨利伟飞向太空时，23 岁的她通过电视目睹火箭升空，动了当女航天员的念头。"神十"飞行归来后，有小朋友问王亚平："你在太空中会不会做梦？"她回答："在太空，不管做不做梦，我都已经在自己的梦里。"

2010 年，王亚平终于走向了她的航天梦，正式成为中国第二批航天员。航天员的训练更具有挑战性，其中有一项叫超重耐力训练，王亚平每次在进行这项训练时脸部肌肉就会变形，眼泪会不自觉地往外流，胸部还会感到极度压抑，呼吸困难，但还必须按照规定完成各种动作，每次都有度秒如年的感觉。

她说，航天员的手边都有一个红色按钮，如果在训练中挺不下来可以随时请求暂停，但这么多年来，没有一个航天员碰过这个按钮。

经过近三年的训练，王亚平以优异成绩通过航天员专业技术综合考核，2013 年，王亚平搭乘着神舟十号与聂海胜、张晓光一起飞向了梦寐以求的太空，成了中国"80 后"航天员第一人。

王亚平说自己"一辈子也不会忘记"第一次飞天的感受：失重的瞬间，感觉到身体"蹭"地一下就飞起来了，好像腾云驾雾；视觉上也受到了冲击，舱里所有的东西飘了起来，像有了生命，从太空看地球能感受到一种生命力的震撼。

航天任务充满了风险和未知，但在被问起发射时刻害不害怕时，王亚平说，那一刻自己的脑海中只有6个字——责任，使命，圆梦。"身处太空时，所看见的世界会让人得到升华，有些东西会变得"很小"，比如得失；有很多东西则变得"很大"，比如对家人、对祖国的爱和牵挂。"

对王亚平来说，"神十"任务是她实现飞天梦的开始。航天的训练也从未松懈的她，再次入选了神舟十三号飞行乘组，这一次，她的身上肩负着更富挑战的空间站任务，也接受着更加严苛的训练。比如为了适应失重环境下的出舱活动要求，航天员要连续六七个小时在中性浮力水槽中训练，连男航天员都筋疲力尽。

再赴太空，对王亚平来说少了一些忐忑，多了一些坚定。"身体是很累，但当我又练完了一次，我的技术上又成长了，离我的梦想又近了一步，就会很有成就感，很幸福。"说到这里，王亚平眼睛明亮。

面对空间站任务，王亚平再次表现出不怕吃苦、不服输的个性。空间站任务中，出舱是超大负荷的活动。和男航天员臂力、体型和臂展的先天优势相比，女航天员对加压后舱外服的操控力，可能要花费更多的努力才能获得。尤其是身着舱外服的航天员行动和操作主要靠上肢，需要增强上肢力量。

刚开始，王亚平没有具体概念。舱外服的试验完全超出了她的想象：在沉重的舱外服中工作五六个小时，手抖得拿不住笔。为了提高自己的能力，王亚平加大训练强度，甚至放弃了很多假期。王亚平的体质训练教员提到，每次王亚平都要针对出舱任务加练臂力，抓握铅球、俯卧撑、举杠铃等。体质训练中，她总走得最晚。每次完成水下训练，王亚平都觉得很有成就感，她甚至经常和其他航天员比一比谁的肌肉块更强壮。

比起神舟十号飞行，执行"神十三"任务的王亚平还拥有了一份特别的牵挂，那就是她5岁的女儿。王亚平的女儿每次在走过展示上过太空的航天员照片墙时，都会远远指着、用稚嫩的声音大喊"那是我妈妈"，为妈妈感到深深的自豪。

说起女儿，王亚平的语气里流露出爱护与温柔，透露这一次上天前，她还和女儿互相布置了任务："我希望她能照顾好自己，照顾好姥姥姥爷，好好学习；她让我飞行回来的时候，要给她和她的同学摘星星回来，而且要摘很多，分享给她的同学们。"

人们常说飞行是不确定的艺术，但对航天员来说，都将由我们在天上的表现最终确定。神舟十三号发射前数小时的出征仪式上，王亚平身着乳白色航天服从熟悉的问天阁航天员专用通道走出，面向沸腾的人群招手示意。她5岁的女儿也在一侧的人群中猛力挥舞着小手，喊着"妈妈、妈妈、妈妈……"旁边有记者镜头拍下了母女俩的"同框"瞬间，但王亚平没有停留，仍按照既定程序缓缓向前走去。或许，纵然是有百般儿女情长，充盈在王亚平内心的，更是对飞向太空的坚定。

正如王亚平所说的："因为热爱，所以坚持；因为热爱，所以执着；因为热爱，让我有勇气克服重重困难走到现在。"这也是对每一个中国航天人的真实写照！

陈冬：在"飞天路"上顽强拼搏

6 年后，他迎来第二次飞向太空的时刻。作为神舟十四号航天员乘组指令长，陈冬在实现"尽快返回太空，为祖国飞出新高度"的愿望同时，也要迎接全新的挑战和考验。

陈冬在 2010 年 5 月正式成为我国第二批航天员。报到的那天，第一批航天员在航天员大队门口欢迎新队员。看到以前只在电视镜头里出现的英雄们近在眼前，想到从此能与他们并肩战斗，陈冬心里升腾起了一种自豪感。

成为航天员只是拿到了前往太空的入场券。陈冬告别习惯了十余年的驾驶战机翱翔蓝天的生活，开始常年如一日的艰苦卓绝的训练，包括重回课堂，学习天文科学、航天技术、空间惯性坐标等多类陌生学科知识，也包括超重耐力适应性训练、转椅训练、狭小环境心理适应性训练等常人无法想象的训练。航天员系统总设计师、航天员"总教头"黄伟芬眼中，陈冬很优秀、很全面。

2016 年 10 月 17 日，陈冬终于实现飞天梦想，并参与了中国航天的"名场面"。当神舟十一号飞船进入太空，包住飞船的整流罩抛开后，陈冬第一次看到太空中的景象，感觉惊艳。第三次进入太空的景海鹏大声问："爽不爽？"陈冬兴奋地答道："爽！"

在 33 天的太空出差里，景海鹏和陈冬两人既是航天员，又是工程师、科学家、医生、饲养员 …… 陈冬也积累了不少的太空经验，也经历了考验。飞船返航前几天，两人突然遭遇天地之间的话音通信中断故障，而收听不到地面指挥调度的声音，航天员在太空中就像断线风筝。两人就在摄像头前写下'无线电通信故障'，让地面科技人员看到。与地面联手排除故障的 3 小时，也是安静得让人可怕的 3 小时。陈冬和景海鹏镇定自若，还在手册空白页上写了"我们很好，请你们放心"，来安慰地面团队。最后，通信问题得到有效解决。当飞船返回地面，陈冬由衷说，"经过飞翔和烈焰，我们再次回到了祖国的大地，心里无比踏实。"

太空的神奇和壮美让陈冬渴望重返太空，为祖国飞出新高度。他开玩笑地说："那种愿望就好比冰激凌没吃前，大家都说好吃，就想吃。吃了以后，发现果然好吃，就更想吃了。"

作为第二批航天员中执行首飞任务的人，陈冬一亮相，就成为媒体焦点。面对长枪短炮的"大阵仗"，这位年轻的航天员略带腼腆却不慌张，沉稳、从容地回答着记者的各种问题，与一旁幽默、爽朗的景海鹏配合默契。

对于新人，大家总是很好奇，为什么要选你？

陈冬腼腆一笑："每次任务都有这个任务的特点，也会根据任务特点挑选出最适合的航天员。我觉得我不一定是最优秀的，但应该是最适合执行这次任务的。"

也许是巧合，航天员中生肖属马的人不少。但陈冬与同为"神十一"航天员的景海鹏年龄正好相差一轮，两个人都属马。说起这匹骏马能够最终翱翔太空，还真带有一丝偶然与巧合。

陈冬高三那年，听说空军要招飞行员，他就抱着试试看的心态去参加了体检，没想到最后真的被录取了。那时，陈冬就想着这辈子可能要与蓝天为伴了。

再后来，陈冬所在的部队开始了第二批航天员的选拔。遗憾的是，那时他正在执行演习任务，没办法赶回来参加体检。"当时觉得错过了，心里有些小失落。"陈冬说。

结果，等陈冬执行完任务回到驻地后，得知由于之前体检达标人数较少，还要进行一次补录，就这样，陈冬一步步走进了航天员大队。"我觉得我的梦想就是和蓝天、宇宙密不可分，没想到真的是越飞越高！"

陈冬的家就在单位旁边，但是为了把更多的精力放在训练上，他选择平常住宿舍，只有周末才回到家里。说起家人，陈冬脸上的笑意更深，但歉意也更深。他有一对双胞胎儿子，总想着以后有时间了，可以多陪陪他们，但总是事与愿违，好多时间都被训练挤占去。

陈冬说："我给孩子讲过我的职业，但他们好像不太懂。可是他们喜欢看星星、看月亮，我也畅想过，说不定哪天我在太空看到祖国的时候，我的孩子也在下面看着我，这种感觉真的挺好。"

在执行"神十一"任务前,陈冬特意跟两个孩子打了招呼,说爸爸会出趟远门,你们想爸爸了,就在夜晚抬头看看天空,找找比较亮的"星星",说不定爸爸就在那里。

执行"神十四"任务前,孩子已经上学,懂事不少。因为要去太空"出差"半年,陈冬还给两个孩子布置了"作业",并说回来要坚持。他还开玩笑地说,王亚平执行"神十三"任务返回时对女儿说,"摘星星的妈妈回来了",他回来的时候,对两个儿子说的可能就是"检查作业的爸爸回来了"。

执行完神舟十一号任务返回后,还没来得及缓口气,陈冬紧接着就投入到空间站任务的训练中去。空间站时代,对航天员的身心素质、知识储备和应急处置的能力都提出了更高的要求。

相比神舟十一号任务,神舟十四号任务的工作量、复杂性和难度呈指数增长,航天员除了要完成长达 6 个月的太空驻留,还要完成三舱两船的空间站组装建造、出舱任务和大量的科学实验等,作为指令长,陈冬对自己提出了更高的要求。比如,水槽失重训练是模拟失重环境,训练太空出舱的能力。陈冬为了提高自己的能力,应对天上可能出现的未知风险,把训练中遇到的每个障碍都当成难得的训练机会。一次,在更换新型水下训练服后,配套的鞋子和脚限位器第一次进行匹配,陈冬试了几次怎么都卡不进去,最好先依靠潜水员的协助穿上,把整个训练流程做完。

但陈冬觉得,"在太空中也会有各种风险,要是在太空遇到这种情况怎么办?"结束 5、6 个小时的水下训练后,尽管体力几乎消耗殆尽,但他顾不得满身疲惫,继续在水下练习使用脚限位器,直到自己穿上为止。航天员教员评价说："陈冬在水下表现非常出色，对自己要求也很高。他一般都是全流程自主练习。"

　　陈冬为人低调随和，但在训练时特别爱"找茬""较真"。用他的话说，"找碴是去掉安全隐患的'碴'，较真是较确保安全的'真'。"空间站关键技术验证阶段的4次出舱活动，他都认真观摩过，并针对神舟十四号任务中出舱活动的相关设计，给科研人员提出了几条改进意见，都被采纳。

汤洪波：飞得更高，飞得更远

乘坐神舟十二号飞船前往中国空间站核心舱，是汤洪波成为航天员后的第一次飞行任务。

一对剑眉透着英气，脸上挂着阳光般的笑容，这是汤洪波给人的印象。他常说："我热爱飞行！"

1995年秋，空军长春飞行学院招收飞行学员的消息让汤洪波心潮澎湃，"我要守卫祖国的蓝天，像英雄前辈们一样，做点我能做的事！"他如愿以偿进入空军长春飞行学院保定分院。

2009年，我国开始第二批航天员招录选拔。此时已担任飞行大队长的汤洪波义无反顾地报了名。他向往"飞得更高，飞得更远"。

经过多轮选拔，汤洪波以优异的成绩入选中国第二批航天员队伍。航天员是非常具有挑战性的职业。在4年左右的时间里，要完成基础理论、体质训练、航天环境耐力与适应性训练等8大类上百个课目的训练。

模拟失重训练一度难住了汤洪波。这项训练要求航天员穿着水下训练服持续在水下工作数个小时，服装加压后硬邦邦地套在身上，限制了四肢的活动。

他向执行过出舱任务的刘伯明请教，刘伯明安慰他："刚开始穿不适应，是很正常的反应。"在后来的训练中，他努力让自己放松下来，终于跨过了这道难关。

一次48小时沙漠救生训练让汤洪波印象深刻。他和杨利伟分到一组，当时赶上沙尘暴，他们顶着大风，耗时许久才把帐篷搭好。之后，他们又背着行囊、拄着拐杖从沙漠中走出来。

"2016年，我入选过神舟十一号飞行任务备份航天员。现在，我终于快实现飞天梦想了！我感觉今天的自己比5年前准备得更加充分。"汤洪波说。

从2021年6月17日进驻天和核心舱，到2021年9月17日神舟十二号载人飞船返回舱在东风着陆场成功着陆，航天员聂海胜、刘伯明、汤洪波在空间站度过了3个月时光。对汤洪波而言，这是他第一次执行飞行任务。首次太空之旅、空间站中的生活，对他来说都是全新的体验。

"我记得返回前，有一天晚上，我梦见自己回到地球，跟家人们团聚了。我想给他们展示下太空技能，翻个筋斗，可一跳起来就落地上了，才发现已经失去'特异功能'了，心里顿时有点失落。"返回地面两个月后，汤洪波回想起太空生活，脸上满是怀念。

2021年6月17日9时22分，在酒泉卫星发射中心，随着0号指挥员的倒计时，乘坐在神舟十二号飞船里的汤洪波凝神屏息，等待着自己的首次太空之旅。"点火！"火箭伴随着橘红色的尾焰腾空而起。聂海胜和刘伯明特意将最靠近舱窗的"黄金观景座位"留给了汤洪波。火箭进入太空后，他急切地打开舷窗，立刻被美丽的景象震撼得说不出话来。幽静广袤的深空中，地球散发出淡蓝色的光，蓝色和白色的纹路交错相间，宁静柔和、神秘壮美，汤洪波被深深吸引。

约 6.5 小时后，飞船与天和核心舱对接。聂海胜打开通往核心舱的舱门，乘组 3 人"飘"进新"家"，成为第一批住客。已经连续工作了 16 个小时的他们顾不得劳累，马不停蹄地开始布置。可是，初来乍到的汤洪波不像两位大哥那样迅速适应太空环境，一开始还能像鱼儿自由徜徉，等到新鲜劲儿被眩晕感代替后，胃里一阵阵恶心，他不得不停止工作，赶紧钻到"卧室"躺下。

空间站的饭菜种类丰富，科研人员精心研制了 120 多种食品，分为主食、副食、即食、饮品、功能食品和调味品 6 类，食谱一周轮换一次。工艺上采用柔性高效杀菌技术，菜肴类副食的感官品质大为提高，尽力实现品种丰富、口感美味。在空间站里，唯一现做的食品是酸奶。把预制酸奶兑上水后，放入食品加热装置中，等待 5 小时就能获得新鲜可口的酸奶。

食谱设计既注重营养健康和任务需求，也兼顾航天员个人饮食偏好。汤洪波是湖南人，无辣不欢，他喜欢在白米饭上涂上一层辣椒酱，聂海胜爱吃红烩猪排和米糕，刘伯明爱吃红糖糍粑，粽子则是他们 3 人的共同爱好。

吃饭也是他们的开心时刻。他们盘腿悬空打坐，边聊边吃。不时有小块的食物从包装袋里"飞"出来，他们就会顺势表演空中接物。对汤洪波来说，舱内飘动的小物件给他带来了无穷的乐趣。如梦幻一般，所有的物件仿佛都有了生命力，还长着一双翅膀，飞来飞去，有时还跟他们玩捉迷藏。有一次，汤洪波跟家人视频通话时，给儿子展示了苹果，一转身，苹果就不知到哪去了。3 个人把舱里找了个遍，终于在一个机柜背后的角落里发现了它。汤洪波忍不住调侃，真是一只会躲猫猫的苹果。

提及空间站首次出舱活动，汤洪波终生难忘。未出舱前，汤洪波担心自己面对深邃的太空会觉得害怕。但真正走出舱外后，他全然忘记了紧张。经过了数百学时的出舱训练，身穿经过优化改造的第二代"飞天"舱外服，汤洪波能够很娴熟地进行各项操作。进行舱外应急演练时，他仅花了 10 多分钟，就"嗖嗖嗖"地快速从舱壁爬回舱内，比地面模拟训练时的速度还要快。

当汤洪波有空打量周围时，他感到自己所处的宇宙如科幻片中描绘的一样震撼，太空如墨，一颗颗星星亮得耀眼。汤洪波扶着舱壁，一度看呆了。汤洪波还遇到过一件"糗事"，一次，舱外工作结束后，他往舱内搬运设备，不小心悬浮在了舱中间，上下左右都够不着，经过了十几分钟后，汤洪波才慢慢飘到舱体附近。

长期处在狭小环境里，难免会觉得枯燥乏味。好在闲暇时，乘组可以随时给家人、同事打电话，收看工作人员定期给他们上传的新闻、影视片等内容。汤洪波拍的一组太空照片传回地球后火遍全网，引发网友的热烈回应，他将网友评论翻来覆去看了好几遍。

汤洪波说，在太空时，他也很想念地球的生活，想念脚踏实地的感觉，想念亲人朋友，只要有空，他就会趴在窗边，凝望地球。白天，地球表面大部分被蓝色的海洋覆盖，上面还飘浮着大朵的白云，还能看到金色的沙漠、白色的雪山、绿色的草原、褐色的山脉，像一颗透亮的水晶球；夜晚，点点灯光相连成片，地球就会变成一颗璀璨的夜明珠。

3个月过去了，该回家了。当地面向飞船发出"返回"指令时，飞船开始在轨道上"刹车"。轨返分离时，飞船平稳下降。推返分离时，飞船逐渐进入大气层，加速度越来越大，由于大气阻力的原因，飞船开始晃动并急剧减速。汤洪波的失重感逐渐消失，他特意对着镜头，将飞行手册上的笔拿起来，一松手，笔就坠下去了。

当重力逐渐恢复后，汤洪波感到整个人往座椅上坠，他赶紧系紧安全带。进入黑障区后，惊心动魄的时刻到来。快速飞行的飞船和大气剧烈摩擦，温度高达一两千摄氏度，将舷窗外烧得一片通红，在飞船内感到像坐在火球中一样。刘伯明开玩笑地说："真金不怕火炼。"同时，飞船外表面的防烧蚀层在不断剥落，伴随着四处飞溅的火焰像无数颗流星划过。此时的飞船就像一颗小小的流星，向地球前进。

飞出黑障区后，飞船速度逐渐减小，距离地面10千米时，飞船抛开降落伞盖，并迅速带出引导伞。开伞过程虽然只有20多秒，但此时飞船剧烈晃动，如同被几股力量在空中拼命拉扯。

当伞彻底打开后，飞船停止晃动，平滑下落。汤洪波忍住胃里翻江倒海的感觉，这时，他听到耳机里传来地面的鼓掌声，表明飞船安全了，可以平稳落地了。乘组3人相视而笑，总算圆满完成了任务。

随着"咚"的一声巨响，飞船着陆了。他们终于安全落地了，见到祖国和亲人们了。"回家的感觉真好！"汤洪波说。

叶光富：奋斗让人生精彩

在加入中国第二批航天员队伍 11 年后，叶光富第一次执行太空任务。2016 年，在意大利撒丁岛，6 名满身泥土的航天员从探险 6 天 6 夜的洞穴中欢呼着走出。其中一位就是当时首位尚未执行太空飞行任务即公开身份的航天员叶光富。他作为中国航天员代表，与来自美国、俄罗斯、西班牙、日本的 5 名航天员共同参加了欧洲航天局组织进行的为期 15 天的洞穴训练。

意大利撒丁岛是一个以复杂、庞大的地下洞穴系统著称的地方。5 个国家的 6 名航天员，一起参加了极具挑战性的洞穴训练，度过了难忘的 15 天。其中 6 天 6 夜是完全黑暗状态，感觉如同在黑暗的陌生星球上科考和探险。这也是欧洲空间局组织这次航天员洞穴训练的目的 —— 人类在未来踏上其他星球时，要具备适应陌生环境的能力。

6 个航天员分别来自美国、俄罗斯、西班牙、日本和中国，不仅要进行探险、地形地貌勘查和测绘等活动，还要承担采集样本、寻找生命、地质考察、洞穴拍摄和营地管理等任务。叶光富的主要任务是负责对洞穴未知区域进行探索和勘测，分析勘测数据并做出三维模型，以及对环境参数进行实时监测等。其实，探险只是手段，目的是要通过在极端环境中工作和生活，磨炼意志、耐受力，培养危机处理能力、团队协作能力。

进洞以后，大部分时间与外界都是隔绝的，无法通信。叶光富形容说，即使你生活在地球，如果你不了解它，其实它就是一个陌生的星球。安全装备、探洞服、潜水服、安全背带系统、安全头盔、照明系统，这些专业的装备，一个都不能少，确实也给了航天员们巨大的帮助。

叶光富和同伴们一路前行，危险与挑战时刻存在。洞穴极限环境下，黑暗、阴冷、潮湿，完全靠照明器照明。洞内温度常年在 14 摄氏度到 15 摄氏度，湿度达到 99%，感觉很不舒服。晚上睡在帐篷里，半夜会被冻醒。洞内很多地方非常狭小。有一次经过一个通道，我第一个从狭小的洞穴爬出来，在外面等着。后面的一位同伴由于身材相对高大就被卡在通道里。叶光富在前面拉，后方的队友在后面推，终于把他救了出来。

每天都有行进的计划要完成，而且都是负重行进。风险很高，路上不是悬崖就是峭壁，十多米深的峭壁随处可见。通过安全绳下降的最大一次深度达到了 50 米，相当于从 17 层楼的高度摸黑下降，心理上非常没有安全感。在另外一次垂直降到洞底时，还发生了意外。由于安全绳没有固定好，有队员在下降到距离地面 3 米的时候摔了下去，所幸只受了点轻伤，但让人心有余悸。

洞穴内部十分复杂，通道蜿蜒，地下河流往往深不见底。穿着潜水服通过地下河流时，人非常有可能被暗流冲走。在这种陌生环境里，必须时时处处进行分析、识别和定位，否则很可能就被困在里面。从叶光富标注的地图看，地下洞穴系统就像个迷宫。去的时候和回来的时候，地形完全不一样。

叶光富发现，在整个洞穴探险训练中，最大的挑战应是团队内部存在的文化差异，这也是每一位成员都意识到的问题，这需要通过"我信任团队，团队信任我"来培养和加深团队协作。团队给了叶光富巨大的信任。在寻找出洞口遇到困难时，有队员说"让叶来，我还想活着出洞。"凭着10年战斗机飞行经验，叶光富比其他人更擅长导航和领航，最后带领大家安全顺利走出迷宫一样的洞穴。重见光明的那一刻，确实有一种"活着出来了"的喜悦。事后叶光富负责的三维地图生成，他把一个未知的区域取名为光明通道。在洞穴里的黑暗环境下，光明代表着希望。

15 天的训练，成果丰富，各国航天员们甚至还发现了非常罕见的生物。通过航天员们之间的密切协作，不仅圆满完成了训练任务，还进一步加深了来自不同国家、不同文化背景航天员之间的理解和认可。

叶光富的队友中不少人都有过太空飞行的经历，像西班牙和日本的队友已经执行过两次太空任务，美国的队友也执行过一次太空任务。叶光富和大家说，希望在不久的将来，我们在洞穴探险中的握手，能在太空重现。

洞穴训练好比外星球探险，叶光富在这种极端环境中表现出了很好的意志耐受力以及危机处理能力、团队协作能力。同行人员的评价较为客观地反映了叶光富的特点，有国际航天员说："让他执行这项任务，我非常放心。"随行摄影师说他"似乎永远也不知疲倦"，任务负责人评价叶光富

"为人很友好，而且聪明，总是乐于学习新的东西"。

实际上，在担任飞行员期间，叶光富展露出过硬的心理素质和精湛的飞行技能。某次，他驾驶战斗机返回过程中遭遇浓雾，加上当时是逆光方向着陆，几乎看不见跑道。在这种紧急情况下，他沉着应对，严格按照流程有条不紊地操作，在与指挥员的密切配合下，调转机头，逆向着陆，飞机不偏不倚地落在跑道上。

2000 年，叶光富从空军长春飞行学院毕业后，由于工作需要，他 10 年间平均每两年调动一次工作，改装飞行过 5 种机型。这对他是不小的挑战，每换一种机型，每换一个单位，就得重新清零，从头学起。但他说："无论到哪，依然热爱飞行事业，依然热爱这片蓝天"。

与飞行员常态化的飞行任务相比，航天员在职业生涯中只有两种状态 —— 飞行和准备飞行。绝大部分时间都在准备飞行，有的航天员甚至整个职业生涯中都未能实现飞天梦想。叶光富认为，这个过程也是一种历练，人生的精彩也体现在漫长而又艰辛的奋斗过程中。这也是他一直用最好的状态训练技能的原因。

对叶光富来说，第一次进入太空就是半年之久，内心难免忐忑，但更多的是踏实。他说，已经做好了准备，力争保持良好的身心状态。闲暇之余，他会透过舷窗好好看看这颗蓝色星球和祖国大地。

蔡旭哲：为祖国出征太空感到骄傲和自豪

蔡旭哲不怵从事危险系数很高的勇敢者职业。作为一名飞行员，蔡旭哲享受驾驶战机翱翔蓝天的感觉，一会儿在朵朵白云间穿梭，一会儿俯冲下来，翻着筋斗，仿佛是雄鹰在天际自由飞翔。俯瞰祖国大地，领略大好河山时，他的心里就会升腾起一股自豪感和使命感：我要守卫好祖国的蓝天。

蔡旭哲不仅自己飞行能力突出，还是一名经验丰富的优秀飞行教员。曾有一名学员面临停飞，蔡旭哲主动要求带飞这名学员，通过认真观察这名新飞行员的问题症结所在，经过细心带教，这名学员终于成功单飞。

和陈冬、刘洋一样，蔡旭哲同属我国第二批航天员。当中国载人航天事业实现我国首次载人飞行任务，实现中华民族的千年飞天梦想时，坐在电视机前蔡旭哲深深被航天员这一职业所吸引，他向往飞得更高。当招收第二批航天员的通知到达时，蔡旭哲正好在外执行任务，返回部队时，他在报名截止前幸运地搭上了"末班车"。

蔡旭哲牢牢记得当时加入航天员大队时候的宣誓："我自愿从事载人

航天事业……英勇无畏,无私奉献,不怕牺牲,甘愿为载人航天事业奋斗终身!"每一个承诺都是他的心声。

同样,航天员的飞天之路,都是由繁重的学习、艰苦的训练堆砌而成。

转椅训练曾是蔡旭哲的弱项。第一次坐转椅练习时,他非常痛苦,脸色苍白,腹内翻江倒海,久久不能恢复。考核结果是二级,虽然及格了,但蔡旭哲坚持要做就要做到优秀;水槽失重训练,一练就是大半天,穿着坚硬的水下训练服,像是在身上套了一艘"人"形飞船,饿了只能喝水,痒了也不能挠,有时干活幅度大了,身上被服装关节的硬结构硌破了皮也只能咬牙坚持;72小时狭小环境心理适应性训练,要求与外界彻底隔绝,在狭小密闭环境中,三天三夜不能睡觉,期间还要忍着疲劳完成大量的工作……上百门科目,每个科目挑战的几乎都是生理和心理的极限,蔡旭哲就是这样沿着这些登天台阶一步步攀登而上。

2018年,在巴丹吉林沙漠参加48小时沙漠生存训练的经历令蔡旭哲印象深刻。当乘组进入沙漠时,最高气温达到40多摄氏度。接着又遭遇了沙尘暴,刮起8级大风。迎着漫天黄沙,他们赶在天黑前搭好帐篷。身上的衣服湿了又干,干了又湿。因为饮水量有限,嘴都干裂了也舍不得多喝。

第二天,他们又赶上了沙漠中难得遇到的大雨,晚上气温骤降到零摄氏度以下。好在搭建的帐篷十分牢固,经受住了风雨的考验。第三天,他们负重徒步行5千米,整整走了三四个小时。短短48小时,跨过了三天两夜,却像是经历了一年四季。蔡旭回想起来总觉得苦中有乐。

所有航天员都通过考核，全部具备了执行任务的能力。但由于飞行任务次数限制，蔡旭哲一直没有机会飞向太空。但他知道，中国载人航天跨越发展，空间站时代的任务越来越多，航天员飞向太空的机会也随之增多，只有更加努力地训练，才能更好地迎接机会的到来。

执着与奋斗帮助蔡旭哲最终入选了飞行乘组，履行自己的责任和使命，为祖国出征太空，他深感骄傲和自豪，同时也有无形的压力。空间站从关键技术验证阶段转入建造阶段，神舟十四号飞行乘组任务非常繁重。比如，空间站首次出现三舱三船组合体在轨运行，要对这样一个复杂的航天器组合体进行管理和运行，不仅工作量剧增，也面临许多新的技术状态去辨析掌握。

因此蔡旭哲深知每一个操作、每一个细节都关系任务成败，地面训练更要分秒不差、毫厘不失。每次大型试验、大项操作，他都精益求精、追求极致，对任务流程、操作手册都反复背记、烂熟于心，一遍遍推演，一遍遍练习。针对空间交会对接任务，为了实现完美对接，他常常一个人在航天员公寓里对着桌面模拟器训练到半夜。

飞天之路上，蔡旭哲无论经历什么样的训练，都无所畏惧，充满着斗志。他说，看到电影《长津湖》里提到的"杨根思三个'不相信'战斗宣言：不相信有完不成的任务，不相信有克服不了的困难，不相信有战胜不了的敌人"，自己有深深的共鸣。

第五章

团队伟力

中国航天员群体：逐梦九天写忠诚

太空，人类梦想的疆土，寥廓而深邃。

这是一种极为震撼的体验：从外太空眺望地球，大地脉络分明，海岸线清晰绵长，青藏高原的雪域云天仿佛触手可及。

这是一段壮美无匹的征程：一人、二人、三人……寥寥数人的出征胜似千军万马上战场，每一次都标注了中国人探索未知的新高度。

这是一个经历了千锤百炼的英雄群体：在中华民族的奋进史册里，飞天勇士叩问苍穹无疑是最精彩的篇章之一。

这是属于全体航天员的荣光。

2017 年 7 月 28 日，51 岁的航天员景海鹏昂首阔步走上前台，亮闪闪的"八一勋章"紧贴胸口，3 次进入太空的他心潮澎湃 —— 这既是向最优秀军人颁发的最高荣誉，也是伟大祖国给最勇敢战士授予的最高功勋。

2013 年 6 月 26 日 8 时 07 分，聂海胜、张晓光、王亚平圆满完成我国载人航天首次应用性飞行。王亚平站在"最高讲台"，一堂 40 分钟的太空科学课，在千万青少年心底播下科学与梦想的种子；

2016年11月18日13时59分，景海鹏、陈冬在太空完成33天中期驻留，为中国空间站建造运营奠定了更坚实的基础。

一次次中国飞天的步伐，留下的是民族永恒的记忆，中国人来到了太空，而且有信心、有能力飞得更高更远。

2003年10月16日6时23分，杨利伟驾乘神舟五号飞船，用21小时23分钟环绕地球飞行14圈、总里程近60万千米，在人类"走出地球摇篮"的漫漫征途中刻下了属于中国人的数字。短短两年后，费俊龙、聂海胜执行危险性及难度系数均高出很多的神六任务，实现了载人航天飞行从"一人一天"到"多人多天"的重大跨越。

2008年9月27日16时41分，翟志刚在刘伯明、景海鹏的密切配合下，完成中国载人航天历史上首次太空出舱行走，在太空轨道实现了中国人与宇宙的第一次直接握手，让茫茫太空多了一抹五星红旗的鲜艳。

2012年6月18日17时04分，景海鹏、刘旺、刘洋"飘"进天宫一号，太空从此有了真正意义上的"中国之家"，首次手控交会对接，刘旺以不到7分钟、误差18毫米的中国精度，赢得世界喝彩。

"每一次对太空的叩问，都是下一次探索的开始。"走好新时代征战太空的新征途，这份豪情壮志始终在航天员们心中激荡。

"你们飞多高，中国人的头就能昂多高"

有时候，梦想会在一瞬间悄然而生。

2003年，当杨利伟飞向太空时，两名年轻的飞行员在不同地方，同时通过电视目睹了火箭升空的那一瞬。时年25岁的陈冬心想："什么时候我也能像杨利伟一样飞向太空，为祖国飞得更高？"时年23岁的王亚平看着火箭灿烂的尾焰，脑子里闪过一个念头："中国已经有了男航天员，什么时候会有女航天员呢？"

唰！当整流罩打开，神舟十一号飞船的右舷窗亮了，壮美的太空让景海鹏惊叹。一句"爽！"喊出了陈冬初见蓝色星球的震撼，也喊出了他实现自己飞天梦想的酣畅。

飞行归来，有小朋友好奇地问王亚平："你在太空中会不会做梦？"她笑着回答："在太空，不管做不做梦，我都已经在自己的梦里。"

每一位航天员深知，飞天梦，不仅仅是自己的梦。

载人航天工程是一项宏大的系统工程，每次载人飞行，有超过10万名的技术人员用齿轮咬合般的团结协作，托举起英雄飞天。"两弹一星"元勋孙家栋对此形容："离开了集体的力量，个人将一事无成。"

刘洋说起一个令她感动的小故事。发射塔架上有个供紧急撤离的逃逸滑道，52米高，航天员会在执行任务之前进行训练，而技术人员会提前进行试验。一位年轻的女航天教员对刘洋说，她试跳时，看到下面黑乎乎的，两腿在发抖，但想到是给航天员们当"沙袋"，又觉得挺开心。

"到了太空，地球的引力变得微乎其微，祖国的'引力'却越来越大。"航天员们有一个共同的感受：每次航天器飞临祖国上空，自己的心跳都会加速，会不由自主地凝望祖国的疆域，情不自禁地隔着舷窗想去触摸，每一次都会热泪盈眶。

费俊龙这样对国外同行说："你可以分享我的快乐，却无法分享我的自豪。因为在我身后，有强大的祖国，站立着 14 亿多人民！"

有一个场景让杨利伟至今难忘。2004 年，他在美国纽约访问时，应邀出席华人华侨的一次活动。一位年近八旬的老华侨拉着他的手，语调颤抖，脸上满是泪痕："你们飞多高，中国人的头就能昂多高！"

刘洋珍藏着一张照片。2012 年 10 月，她参加北京航空航天大学成立 60 周年校庆，一位退休女教授挤过人群与她合了影。2013 年 5 月，当她再次来到这里与学校附中师生座谈时，一名小男孩递给她一个信封说："这是我奶奶给你的，我长大了也要当航天员。"刘洋打开一看，竟是去年跟那位退休女教授的合影，背面写着：向为航天事业做出贡献的人致敬！

跨越"上天的阶梯"

1998 年 1 月 5 日，从 1500 多名优秀空军飞行员中精心选拔的 14 人，汇聚北京航天城，成为中国首批航天员。他们面对五星红旗庄严宣誓："甘愿为载人航天事业奋斗终生！"

这一天，中国人民解放军航天员大队诞生。

自 1961 年 4 月 12 日苏联宇航员加加林一飞冲天以来，人类已经进行上百次载人航天飞行，共有数百人次进入太空。面对风险莫测的飞天旅程，需要脚踏实地去追赶。

北京航天城，航天员大队公寓的门柱上，镌刻着"珍惜崇高荣誉、迈向更深太空"的队训，见证着飞行员向航天员的转变、从天空向太空的跨越。天空与太空，一字之差，被苏联航天员列奥诺夫形象地称为"上天的阶梯"。

14 名首批航天员进入航天员大队时，他们已经工作了 10 多年，书本也搁置了 10 多年，猛然间捡起书本当学生，要在一年时间里系统掌握许多生涩的学科理论，对每个人无疑都是严峻的考验，因此也被称为"登天第一关"。一位来上课的老教授说："要在 3 个月内教完一年的高等数学课程，可真把我难住了。"

王亚平在参加航天员选拔时问杨利伟，成为航天员最难的是什么？杨利伟回答了两个字："学习。"等她加入航天员大队，才真正体会到"学习"二字的分量。

航天员们重回课堂，白天上课、训练，夜里复习、预习，航天员公寓成了"不夜城"。

航天环境适应性训练是第二道坎，包含了众多艰苦万分的训练。仅以其中的"超重耐力"训练为例，在飞船返回地球时，人要承受自身重量数倍的压力，很容易造成人的呼吸极度困难或停止，导致意志丧失、黑视甚至直接危及生命。

刘洋曾说："太空虽然向女性张开了多情的怀抱，却从不有所偏爱。"她刚开始进行离心机超重训练时，短短几十秒，6 个 G 的负荷就已让她像跑了万米一般，双腿发软，精疲力竭。

在高速旋转的离心机里，常人只能承受 3-4 个 G 的重力加速度，航天员却要承受 40 秒的 8 倍重力加速度。训练中，他们的五官被挤压变形，眼泪不自觉地往外飞，胸部极度压抑，呼吸非常困难，手臂抬不起来。一位航天员的母亲看后，一边流泪一边不住地摆手说："不看了，不看了！"

太空飞行中，航天员每一步操作、每一个细节都直接关系任务成败。飞行手册是航天员在太空执行任务的宝典，所有指令都汇集在上百万字的厚厚手册里。在飞行程序训练中，他们做的笔记摞起来比桌子还高，数以万计的指令成为习惯动作和肌肉记忆，每个人闭上眼睛都能精准无误地全流程操作。

最终，经过严格考核与评定，首批通过选拔的两批21名航天员顺利通过考核，全部具备了独立执行载人航天飞行任务的能力，创造了世界航天员训练零淘汰率的纪录，在世界航天界绝无仅有。

"哪有运气和奇迹！"

神十任务结束，王亚平返回地球后才知道，短短40多分钟的太空授课，引起全世界的高度关注。

太空授课是神十任务中的一大亮点。人在失重环境下连站稳都很难，如果还要开展授课、实验和拍摄，那比地面难出千百倍，聂海胜、张晓光、王亚平三人乘组为此在地面进行了200多个小时的训练。

太空授课中的水球实验，王亚平做出的水球又圆又大，格外漂亮。看到王亚平持续往晃动的水球中注水，地面支持团队的心都提到了嗓子眼。当完美的水球呈现在所有人面前时，大家才醒悟过来，兴奋地说："这丫头绝对做功课了，她是想给我们一个惊喜呢！"

王亚平的确是做足了功课。在太空中做水球实验很难，动作轻了重了、水量多了少了，都可能导致水膜破裂。每次在地面做实验失败后，王亚平都和队友们细查原因，不断尝试，找出窍门。

手控交会对接是难度极高的航天技术，被称为"太空穿针"，对航天员的心理稳定性以及快速反应、准确判断、精准控制等能力，提出了很高要求。世界航天强国也难免会经历数次失败。

为掌握"穿针"技术，确保百分之百的成功率，刘旺付出了大量心血和汗水。训练中，刘旺坚持以最高标准严格要求自己。他还主动提出将手柄延迟设置从1秒内延长到2秒，提高操作控制难度。地面1500多次的训练，终于换来了太空中的一次成功。

"哪有运气和奇迹！"用15年等待"换来"15天太空之旅的张晓光说，航天员面对任务，永远是在选拔，永远是在备战。

"无论'主份'还是'备份'，都是航天员的本分"

北京航天城，空旷的模拟器楼，聚光灯下的邓清明一脸平静。

"我是航天员邓清明，是目前航天员大队唯一没有执行过飞天任务、仍在训练的首批现役航天员。20年来，我3次入选任务梯队，3次与飞天失之交臂。为了飞天做准备，我感到过枯燥，也烦过、累过，但仍没有放弃过。无论'主份'还是'备份'，都是航天员的本分。"邓清明声音不大，语气却十分坚定。

通过严格训练的21名航天员，全部有能力执行太空任务。但受任务密度和条件制约，不可能每个人都有机会飞天，只能按照综评成绩排名确定人选。第一名和最后一名成绩相差很小，小到一两分，甚至仅仅零点几分。

大多数航天员都当过"备份"，有的甚至不止一次。神五飞天时翟志刚是"备份"，神六飞天时他又一次与飞天擦肩而过，但他两次都站在战友身后，微笑着为他们出征壮行；神七任务选拔时，陈全仅以微小差距落选，他说："我会努力当好'备份'，让战友在天上飞得更高更踏实。"

神十一发射前一天，决定最终的飞天人选是景海鹏和陈冬，邓清明仍是"备份"。这是离梦想最近的一次，又一次止步于发射塔前。轮到邓清明发言时，他停顿了一会儿，转过身面向景海鹏，紧紧抱住他说："海鹏，祝贺你！"景海鹏也饱含深情地说了句："谢谢你！"几分钟内，整个问天阁大厅寂静无声，在场的许多人都流了泪。

神舟十一号成功返回后，载人航天工程领导对邓清明说："你们和神十一乘组共同完成了这次任务，任务的成功就是你们的成功，航天员在天上的表现就是你们的表现。"听到"共同"二字，邓清明激动地落泪。

2014年3月13日，一个普通的日子，却因5名航天员的停航停训，被写入中国航天史册。

吴杰、李庆龙、陈全、赵传东、潘占春是我国首批航天员，十几年来，他们日复一日地重复着"准备出征"这一件事，一次次接受祖国挑选，一次次与飞天失之交臂。因为超过黄金飞行期，他们再也没有机会为祖国出征太空，但他们仍像当年毫不犹豫参加选拔一样，坚决服从组织安排，退出现役航天员队伍。

抚摸着航天员纪念章，他们难以忍住眼中的泪水。

他们的等待与飞天的辉煌一起，构成了中国航天史上厚重的一页。

"神七"航天员集体：中国骏马腾太空

历时 3 天、在太空留下足迹的中国第三次载人航天飞行，已化为人们心中永久的记忆。

回望神舟七号飞天的日日夜夜，太多的画面令人难忘：当茫茫太空第一次留下中国人出舱行走的身影，当 3 位航天员在内蒙古四子王旗草原上向全国人民致以太空归来后的第一个军礼……中国载人航天的英雄史册上，又增添了 3 个闪亮的名字 —— 翟志刚、刘伯明、景海鹏。他们是中国首批航天员，都属马。

太空行走的梦想，只需再"踏出一步"

点火、起飞，火箭如天马腾空而起，3 位航天员受命出征。翟志刚端处中央，刘伯明和景海鹏分列左右。在火箭完成一二级分离、抛逃逸塔等关键动作后，他们不约而同地挥手致意……3 位航天员的太空生活，就这样开始了。

而他们作为航天员的训练生活，是在 10 年前就开始了。特别是在神七任务训练中，3 位航天员结下了深厚的友谊，形成了高度的默契。他们对飞船的飞行程序和操作程序倒背如流，一人随便说出舱里的一个设备名称，另外两个人马上可以说出它的颜色、位置、作用。

太空行走前的重要一步，是要打开舱门。穿着"飞天"舱外航天服的翟志刚手持撬棍，和空气的压力"较量"，喘气的声音在天地间回荡。翟志刚使出全身力气将舱门拉开一条缝，但很快，舱门又一次合上了。

"天与地"的差别就是如此。就算地面试验成功了无数次，在太空中仍然有新情况发生。翟志刚从来没有想过放弃。记得有一回，那是他忍受不了母亲每天起早贪黑，到街上卖炒瓜子供他读高中的时候，他含着热泪说不想继续念书了。一向慈祥的老母亲发了火，翟志刚只好将"放弃"两个字咽了回去。

当翟志刚深吸一口气，使出全身力气，再次将舱门拉开时，一道刺眼的亮光照射进来，刘伯明迅速抬手将翟志刚的遮光面罩放下，值守在返回舱的景海鹏向二人竖起了大拇指。

通往太空的舱门开启，太空行走的梦想，只需再"踏出一步"就可实现。

对于曾与飞天梦想擦肩而过的三名航天员来说，就算只有一步，也要"踏"得坚实。长年的训练，他们学会了用从容迎接梦想。

2003 年"神五"飞天，作为备选航天员的翟志刚和聂海胜将杨利伟送到飞船舱口。"神六"发射前翟志刚再次进入飞行梯队，但再次与梦想失之交臂。

"距离那么近，却没有得到，会不会觉得惋惜？"有人问翟志刚，他说："就是因为太近，所以一样光荣。"

从加入航天员队伍第一天起，他们三位航天员就与战友们不断向生命的极限发起挑战。景海鹏记得，2005 年初，航天员大队首次开始头低位卧床训练，5 天卧床始终脚高头低，喝水用吸管，吃饭难下咽，脸部充血、鼻塞头疼，除了侧身，几乎不动，他们整整坚持了 5 天。景海鹏说，10 年的训练，只有一个信念：坚持，坚持，再坚持。

需要克服的最大难题，是无数次的重复让人产生的厌倦

太空失重的奇异感受和出舱行走的巨大压力，使翟志刚难以入眠，尽管身心已经调节到极佳的状态。

飞船在轨道上绕行 13 小时后，翟志刚和刘伯明在轨道舱开始神七任务中航天员最具挑战性的工作 —— 舱外服在轨组装。

飞船飞行的第十三个小时，航天员身体还在适应阶段，航天运动病随时会发生。这是在非常艰难的时段进行的艰巨操作，要求精度很高，规定时间有限，一个微小的误操作，可能需要花费 2 小时来弥补。翟志刚和刘伯明交替着一人读手册、一人操作。有的操作需要时间稍长，另一位就抓紧时间闭目休息。在太空的失重状态下，没有上下左右，没有支点，做出任何一个微小的动作，都要付出巨大的努力。疲劳让翟志刚和刘伯明哪怕闭上眼睛三秒钟，都能得到充分的休息。

航天员身体受到的考验达到了极致。难怪出发前刘伯明就"夸下海口"，说中国航天员是各个国家航天员里最棒的。因为国际上还没有航天员敢在这种时段做出如此艰难的举动。

翟志刚和刘伯明前后整整花了近20个小时，将所有操作项目无一失误地完成。

对航天员来说，这只是又一次重复的操作，又一次相同的结果。翟志刚喜欢这么一句话：在训练中需要克服的最大难题，不是艰苦，不是危险，而是对无数次的重复让人产生的厌倦。

翟志刚和刘伯明彼此完美配合，独自坚守岗位的景海鹏让人信赖的独立处置能力，使得在轨组装顺利完成。

至此，出舱迈出了关键的一步。

此时想到的只有祖国和人民交给的光荣使命

翟志刚代表的中国航天员太空出舱活动的这一小步，标志着中国航天事业发展的一大步。

太空奥秘无穷，挑战无处不在。就在这伟大历史时刻的背后，神七飞船正经受着一场火警误报的考验。从舱门打开，翟志刚准备出舱的时候起，飞船的平静就被一个红色警报打破，三人的耳机里同时响起一个声音："返回舱发生火灾……"

"火灾"两个字，无论对天上飞行的三个人，还是地面的指挥人员，都是一个巨大的刺激。三个人的神情一刹那严峻起来。他们所在的位置分别是：景海鹏在返回舱、刘伯明在轨道舱、翟志刚在舱外。景海鹏无法进入轨道舱，翟志刚也难以回来一起检查，情况十分紧急。

后来查清，火警是仪表误报，可当时对于三位航天员来说，是天大的考验。作为值守返回舱的航天员，景海鹏用最快的速度在返回舱内将供电系统、生保系统、热控系统等通通检查了一遍，确认并未发现火情，随后向地面报告："仪表显示，轨道舱火灾，请地面检查确认。"

刘伯明身着"海鹰"舱外航天服，同样处于太空真空、失重、极端温度环境。他是离着火点最近的人，这种紧急关头需要快速做出判断和处理。

刘伯明是个很爱动脑筋的人，有着"小诸葛"的美称。当年曾有一名教官连续"拷问"刘伯明十多个刁钻问题后，被其对答如流所"倾倒"，从此给予他"免提"待遇。

刘伯明镇定地将国旗递给翟志刚，当翟志刚在舱外展示五星红旗时，他转身飘向轨道舱内检查火灾点。他压低嗓门平静地跟舱外的翟志刚说："如果起火了，我们也回不去了。程序继续吧。"在他们脑海里，此时想到的只有祖国和人民交给的光荣使命。

出征前，人们总要问探索太空的英雄这样的问题，"想没想过回不来了？""怕不怕？"

翟志刚这样回答：作为航天员，我们对飞船，对舱外服，对自身的能力都充满信心，建立在这些基础上，我们才能执行神七任务。

景海鹏这样说："如果怕，当初就不会选择当飞行员。"

当舱门再度关上，火警警报声戛然而止，好像航天员又一次战胜了挑战生命的休止符。

从杨利伟一人飞天，到费俊龙、聂海胜携手远航，再到翟志刚、刘伯明、景海鹏"三马行空"，中华民族的自豪感也一次次在我们心中升腾。

"神九"航天员集体：为中国梦想而飞

14 年的等待，一飞冲天

景海鹏、刘旺、刘洋，三名"神九"航天员，拥抱了中国载人航天历史的许多个纪录。

充满风险的太空任务，最长的飞行时间，全新的航天员组合……这一切挑战，让景海鹏无法懈怠。

46 岁的他成为第一位两次飞入太空的中国航天员。宝贵的太空经验，使他当仁不让地成为"神九"航天员三人团队的指令长。但这也需要他自身素质过硬，独当一面，更重要的是要让整个飞行乘组飞得安全、高效和快乐。

"执行载人航天任务，只有满分，没有 99.9 分。"景海鹏说的，是航天员们共同的信念。

天地之间的差异，就在于难以模拟，更难以预料。航天员要百分百完成任务，需要克服地面上无法模拟出来的困难。飞天归来的景海鹏说，在地面上把舱内压力服脱下来换成工作服，整个过程也许不到 5 分钟。而在天上，换衣服实际用了将近 50 分钟，把衣服从包里拿出来都非易事，"这是发射前没有意料到的。"

"神九"在太空飞行 13 天，每天计划排得满满当当。精益求精的态度，使得三名航天员有时候甚至工作到了凌晨一点半，吃饭时间总是一推再推，地面人员很心疼，提出压缩工作量。作为指令长，景海鹏和同伴刘旺、刘洋达成共识，即便再晚也要取得更多宝贵的实验数据。

14 年的等待，一飞冲天，43 岁的刘旺或许没想到飞天梦想会以如此高难度、高精度和完美的方式完成。成为第一个"开飞船"的中国航天员，出征前，一向惜字如金的刘旺被问到"手控交会对接有几成把握"时说："我必须保证百分之百！我不仅相信自己的实力，还相信我们航天人的实力。"

110 米，80 米，60 米，30 米，10 米……手柄控制平衡姿态，瞄准目标飞行器十字靶标，刘旺沉着冷静，打出了一个"太空十环"。这个"十环"，精度更高，燃料更省，时间更短，仅用时不到 7 分钟，比自动对接缩短了宝贵的 3 分多钟。这个过程，也是刘旺克服天地鸿沟，快速刷新对飞船的控制及运动特性的认知，获得精确判断和精准控制的尖峰时刻。2012 年 6 月 18 日，中国成为继俄罗斯、美国之后，世界第三个完全独立掌握空间交会对接技术的国家，向建设空间站迈出关键一步。无数航天人为之不懈的努力，由刘旺完成这临门一脚。

那一刻，很少喜形于色的刘旺轻轻振臂，难抑内心激动。他眼含热泪，紧紧握住左右两侧景海鹏和刘洋的手，一切尽在不言中。

1978 年 10 月出生的刘洋也从未想到梦想实现得如此之快。

太空驻留的日子，刘洋用尽一切办法，完成甚至超出实验的要求。她的心愿很简单：上一次太空太不容易，不能让科研人员在地面研制的东西、心血白白浪费了。

返回地球，降落伞打开瞬间，飞船返回舱快速旋转、翻滚、摇摆，强大的过载压力，几重叠加的力量，巨大的压迫感，仿佛要把航天员甩出去。刘洋紧紧抱着开关指令板，抬胳膊、动手指都变得异常艰难。当她顺利将指令发出，报告航天员状态良好时，地面上的所有人终于松了口气。

踏上坚实的土地，刘洋擦干激动的泪水，露出发自内心的笑容说："我们在太空生活很愉快，我为祖国感到骄傲和自豪！"

长达 13 天的太空生活给了三个人巨大的挑战。光是身体上，由于肌肉萎缩和脱水，每个人都轻了十多斤。比起"神七"任务的 3 天飞行，景海鹏明显感觉到长时间飞行后，回到地面出舱时，腿很重很重。

台上十分钟，台下十年功

台上十分钟，台下十年功。繁重的太空飞行任务，以"分钟"甚至以"秒"计算，艰苦的地面训练，则以"年"甚至"十年"计算。

有人问景海鹏，你已经去过太空，梦想实现了，荣誉有了，载人航天是个高风险职业，还有什么必要重返太空？

面对无数次被追问的这个问题，景海鹏的答案也只有一个："航天员是我的职业，也是我的生命，更是我一生的追求。我宁可备而不用，不能用而不备。"

"神七"任务一结束，他就从掌声和鲜花中回到训练场上。

"进取心非常强、素质非常全面、协调配合能力非常强"，载人航天工程航天员系统总指挥、中国航天员科研训练中心主任陈善广用三个"非常"评价他。

魔鬼式训练和考核，是外界对航天员训练的评价。景海鹏对自己的要求更高，"从我们入选航天员的第一天开始，你的一言一行，一点一滴，大小训练，在各种场合的表现都是考核。"这种训练和考核，对景海鹏来说，一转眼就是14年。

为了当好"神九"任务指令长，要熟悉任务的各项程序。景海鹏把飞行制定的8份相互关联的手册打开着，铺满在地上。有人来看望他，常常是敲个门，在门口说几句。

等待飞翔其实并不是刘旺的生活主题，他选择的是默默坚守。航天员生涯不是"一锤子买卖"，等待飞翔的日子，刘旺享受着过程。因为他知道，越高越远的梦想，不会轻易到来，机会是垂青于时刻做好准备的人。

杨利伟眼中的"小老弟"刘旺是我国首批航天员中最年轻的一位，14年后的飞天，背后是14年的坚守。首批14名航天员中，刘旺比其他航天员的平均年龄小了四五岁。他也是大家公认"脑子最灵光"的人，不仅因为他基础理论扎实、专业技术考核成绩突出，更因为他好学肯钻、学习能力很强。可是身体方面总是差那么一点点，连身边的同事都替他遗憾。

知道自己落选时，刘旺很遗憾，但他觉得失去一次机会，就意味着另一个机会的到来。"神五"上天时，他在训练；"神六"上天时，他在训练；"神七"上天时，他仍坚持训练。

"我从来没有想过放弃。"刘旺说，"何况，做自己喜欢的事情，乐在其中，不存在艰苦不艰苦的问题。"

"神九"飞行任务，刘旺肩负着关键的手控对接任务。这类技术性的训练，需要一定次数的积累作为基础，如此，才能摸索出控制规律。刘旺的训练工作就是坐上座椅，面对程序软件，重复地进行判断操作。在完成了1500多次手控交会对接训练之后，他的成功率保持在百分之百。为了操作精准，他几乎每天都要和对接机构研制人员、飞船系统专家通几次电话，了解科研人员的设计思路、操作手柄对飞船的控制规律，认真记录每次操作的手感和设备响应状态。不到半年，学习笔记就记满了厚厚一本。

如此高的标准，使得刘旺的操作精度不仅超出工程人员提出的要求，也胜过了自动交会对接的精度。

在太空，刘洋面对的环境与男性一样。在训练中，标准也是一样的。

太空的挑战并不会因为性别而改变。成为首批中国女航天员，刘洋需要用两年的时间学习、总结首批航天员摸索、积累下来的宝贵经验。她明白，无论是飞行员还是航天员风险系数都很大，一次成功，并不代表次次成功。

"哪怕只有百分之一的机会，要我上我就一定会上。自己随时准备着。"刘洋说。

她深知自己的责任。从2010年5月正式加入航天员大队，到"神九"

首飞，两年来，她一门心思扑在学习训练上。短短两年就要飞天，这创造了中国载人航天的新纪录。要在两年时间里掌握两位搭档 14 年的训练知识，除了更刻苦、更勤奋，别无他路。因为热爱这个事业，刘洋耐住了这份艰苦和寂寞。除了单调乏味的生活，更大的挑战是各种身体适应性训练。现在，她可以像男航天员一样，在八倍于自己体重的重力压在身上时，依然保持头脑清醒，正常操作。

刘洋用刻苦的努力和坚强的意志克服了困难。"神九"任务进入太空初期，由于操作动作多，她出现了短暂的不适，空间定位不准确。但她没有惊慌，平静下来后，仔细回想在模拟器训练时的方向，不断地调整，克服了太空环境中的一道道障碍，成为首朵在太空绽放的中国玫瑰。

1+1+1 远远大于 3

飞向太空前，景海鹏代表"神九"三人乘组说，"我坚信我们是最佳组合。"三人之间一个手势、一个眼神，彼此就能心领神会。"神九"任务，三名航天员实现了"1+1+1 大于 3"的承诺，没有辜负地面上无数次的训练，无数次的磨合。

"神九"发射前 3 个月，当宣布景海鹏、刘旺、刘洋三人成为一个飞行乘组后，三人进行了细致的交流。景海鹏提出，三个人是一个团队，"1+1+1"等于"3"不行，必须做到"1+1+1"远远大于"3"。

有过飞天经历的景海鹏很清楚，在地面上，三个人在一起十几天可以很轻松地度过，但在太空十几天的工作，相互关心、相互照料，相互提醒、协同非常关键。

景海鹏为了让刘洋尽快地适应情况、熟悉任务，训练途中，他会在刘洋毫无准备的情况下提问，让她说说某个工作原理。即使在课余时间见了刘洋，他也会抛出一堆问题考刘洋。他曾多次对刘洋说，在地面多掌握一门技能，多掌握一点知识，就会为任务多增加一点安全。

每次训练完，不管再晚，三个人都会聚到航天员大队的小接待室，进行一天训练的回顾总结分析，进行批评与自我批评。通过认真梳理，把一切有可能失误的情况杜绝。

"航天员除了自己独当一面，相互之间的包容非常关键，所以一定要全身心融入集体。通过训练不断磨合，我们的默契已经达到很高的程度，对方一个手势、一个眼神，彼此之间就能心领神会。"出征前景海鹏曾如此说。

无论是地面还是太空中，"神九"三名航天员做到了一起商量，一起考虑，一起协同。即便是一个简单的指令操作，发令者的手一定放在电板上，只有另外一个人说正确，发令者才可以按下按钮。

"我们一起在飞翔"

坚守事业的人更懂得亲情、友情和爱情的可贵。

景海鹏一直记得弟弟在"神七"飞天前对他说的一句话，"哥，你尽忠，我尽孝"。他深深地感到，家人这么多年是怎样用行动默默支持着自己。作为一名航天员，他也许无法完全尽到作为儿子、丈夫和父亲的责任。

　　儿子中考时，景海鹏正好在太空。和家人第一次天地通话时，儿子特地来到飞控中心，很自信地告诉爸爸："放心好了，我都准备好了。"后来景海鹏才知道，儿子在通话后立马就赶回去准备第二天的考试，他是用自己的行动让远在太空的爸爸放心。

　　不了解或者初次接触刘旺的人，会觉得他内向，话不多，语调总是很平静。按本色做人，按角色做事，这是刘旺的生活哲学。在单位好好训练，训练结束回家后，做自己该做的事情，帮爱人做点家务，帮孩子辅导功课，一切都近乎平常甚至平淡。"神九"发射前，刘旺也只是向妻子表示，这次可能要上天，让家人做好思想准备，不要太担心。

　　但男儿有泪不轻弹，只是未到情深处。说起母亲对自己的牵挂，刘旺会突然哽咽。当手动对接完美实现那一刻，刘旺饱含热泪，脸上绽放出灿烂笑容，令所有熟识他的家人和战友都动容。在"天宫"中难得的轻松休闲时刻，三名航天员开展了翻跟斗比赛，刘旺创下连翻 12 个太空跟斗的纪录。

　　从天宫一号撤离的前夜，刘旺突然变得感性。住了十多天的天宫一号这个太空之家让他如此留恋，他不愿意休息，看看这里，摸摸那里，"游"遍了每个角落。每一寸空间，每一个物件，他都想把它们一一藏在心底。他写下了对下一个航天员乘组的祝福：欢迎你们来到天宫一号！

　　从太空回来，刘洋发现自己更容易流泪了，"经过这次飞行，很多感情变得很纯粹。远离地球，感情会变得异常清晰。离开地球，才会更懂得地球家园的可贵；离开祖国，才能体会祖国的重要；离开亲人，才知道亲人的牵挂。"

刘洋知道自己从来不是一个人在奋斗。她最初的体能储备不是最好的，为了帮妻子提高体能，每天晚饭后，她的丈夫会利用航天员们每天吃完晚饭 18~20 点之间的空闲，陪伴刘洋加训。航天城的逃逸塔成了他们最好的见证人，不管是寒冬酷暑，他们风雨无阻，从不间断，下大雪的日子，洁白的地面上留下年轻夫妻俩一圈一圈的脚印。

温暖的力量是巨大的。在太空，刘洋用女性细腻的感情和笔触，代表三个航天员在天宫写下："工作人员辛苦了！晚安！"她在回复地面的短信中说，我们一起在飞翔。我们的心和所有航天人一起飞！她想用这样的方式向在地面 24 小时值守，不眠不休的工作人员表达心中的谢意。

一个插曲十分有趣。当飞船返回地面，所有人都急切地想一睹中国女性"飞天第一人"的芳容。当刘洋出舱时，她绯红的面颊让很多人误以为是化妆后才出舱。

其实，刘洋的心情甚至更为急切，她想让所有关心支持她的人放心——她的状态非常好，中国女性有能力执行航天任务。不过，飞船落地后的姿势，把刘洋留在最里侧。狭小的空间伸个胳膊都困难，而航天员需要做好一切检查和准备后依次出舱。那天天气炎热，穿着厚厚的航天服和保暖内衣，刘洋热得面颊绯红，却也是更添喜色。

"神十"航天员乘组：太空中的三次握手

2013 年 6 月 25 日，在王亚平、张晓光先后飞出天宫舱后，聂海胜把舱门紧紧关闭。三人站在神舟十号飞船轨道舱内回头看看天宫，都流下了泪了，并深深敬了个军礼。

"你们知道在太空流泪是什么样吗？泪水只是在你眼球上往外一点点沉积，眼睛看东西就像被厚厚的玻璃挡住一样，你不用力的话，眼泪一直在眼眶里，流不下来。"张晓光说。

王亚平觉得，"虽然在天宫一号中只有短短十几天的时间，但离开天宫时就像是离开家一样。"

不约而同的三次握手

进入天宫一号后的第一个早晨，王亚平在自己的笔记本上写下了"新的一天又开始了。早安，可爱的地球；早安，美丽的祖国；早安，辛勤的科研人员！"

太空生活按计划开始，几年乃至十几年的地面高强度训练经历，浓缩成了这十几天紧张有序的太空试验任务。

对聂海胜来说，王亚平和张晓光当时都是第一次上天，适应的怎么样是他担心的问题。

进入"天宫"第二天，他们要把"天宫"上原来的软布"地板"剪下来，换上硬地板。这也是为了将来航天员在空间站里进行在轨维修的试验。但失重环境下，换个1平方米的地板难度很大。

"换地板，在地面不算什么难事，在太空中算很大的事。"聂海胜介绍，拧螺丝的时候，你一压，螺丝就容易被反弹走，所以先要把自己固定住。螺丝也不是往兜里一放就行了，得用绳子绑着，否则一不小心飘走了，找都不好找。"

安装的过程难度也很大，由于拆卸和安装都需要频繁蹲下站起，人的活动量很大，容易诱发"空间运动病"。于是，聂海胜负责把关，张晓光负责具体实施，王亚平拿摄像机拍摄并且在关键点进行提醒。三人默契配合，把每一个螺丝都安得有板有眼，并且按质保量提前完成了任务。

太空授课是三人配合的经典时刻。短短40分钟，主讲老师王亚平、助教聂海胜、摄像师张晓光，彼此分享了无数个手势和眼神，保证了授课流畅进行。同时，学习摄像才三个月的张晓光，在失重环境中单手拍摄，出色地完成了长达40分钟的拍摄任务。

王亚平记得，在天宫一号的13天里，有三个瞬间，三个人的手不约而同地握在一起。

第一次是在太空授课活动圆满结束后，那时的心情特别愉悦，因为听到孩子们的掌声和欢呼声，非常开心；第二次是在手控对接成功后，那时的心情是激动和自豪，手控对接技术再次得到验证，并顺利开展了绕飞试验，为我国载人航天工程的发展水平和我们乘组的训练水平感到自豪；第三次是返回地面后，为我们祖国的伟大感到骄傲，为再次回到祖国母亲的怀抱而幸福。

终于坐上了飞船

张晓光曾经无数次想象自己坐在飞船上会是什么样子，是紧张还是激动？如果进入太空，失重会带来什么样的困难和不适？

2013 年 6 月 11 日，张晓光记忆犹新。随着火箭的腾飞，虽然有重力过载的压迫感。但内心除了激动，更多的是从容淡定。那时觉得，十几年来的追梦，所有的付出，都是值得的。

进入失重状态后，张晓光也一样感觉头胀，有方位错觉，但大大出乎意料的是，他有一种轻松感，甚至几个小时就很快适应了失重的感觉。"大概是因为，我是攒着意志、怀着好奇心而来。"

王亚平还没返回地球时，就有很多孩子给"王老师"写了信。等她返回地面，并拆开这些来信时，王亚平都会看得幸福地笑起来……

有的孩子在信里写道：王老师，看你在太空里是睡在睡袋里面的，像一个会走的大烤肠一样，特别好笑。有的孩子说：王老师，看你们三个人在太空里面飘来飘去的，像会飞的小鸟，又像会跳的袋鼠。有的孩子则说：王老师，是您给了我梦想，我会像一只毛毛虫一样，慢慢地爬向树的顶端。总有一天，我爬上去了，像您一样，变成一只蝴蝶，飞向太空，实现梦想。

孩子们说了很多有趣的话，问了很多千奇百怪的问题，而且很多孩子都表达了同样的意思——一定要好好学习，将来要当一名航天员，去探索美妙的太空，做一个对国家有用的人，这让王亚平真切感受到这次太空授课的意义。

在太空倒立着打太极拳，三个人头脚相连接龙，飞着追巧克力吃。王亚平还会拿着两本书，把自己扇得飘起来，回到地面后，王亚平仍然非常怀念在太空里跳来跳去、飞来飞去的感觉。

张晓光会叠纸飞机玩，小时候玩的纸飞机，一扔飞不了多远，而在失重环境里，纸飞机能飞好久，他经常会逗聂海胜，聂海胜就把他"拿"起来转一转。

"失重的感觉真好。我是在工作和休闲中完成这样一个航天任务，没有任何差错。有顺序、有节奏，这种体会甚至在训练的时候都没有过，在太空的时候我找到了。"张晓光说，而且，你能看出来我们的团队有多么亲密和谐。

飞天是一种责任

王亚平把聂海胜形容为"神十"航天员乘组的"定海神针"，在整个太空飞行尤其是在上升和返回过程中，虽然聂海胜的身体也一样承受着巨大载荷压力，但在每个关键点，比如返回时进大气层、开伞、抛伞、反冲……他都会给其他两人提示，减轻他们的心理压力。以至于地面人员后来认为三个人乘着飞船返回舱是一路谈笑风生降落到地面的。

"我的使命，我的任务，就是去出征太空。"聂海胜说，"再次飞天，我认为这就是航天员的工作，是我们应该承担的一种责任。"

"比起15年的等候，这15天真的挺短暂。用了很多努力找到飞天之路，争取实现飞向太空的梦想，这个时候我应该带着享受的心态。"张晓光说，何况，在太空一点都不孤独，有强大的祖国做后盾，全国人民都在关注、支持着。现在想起来，还是有些激动。

王亚平以前、现在依然经常说一句话：可能在别人眼里，航天员是英雄，但在我们航天员的心中，背后那些成千上万名科技人员，他们才是真正的英雄。

充满创新力的队伍：托起"神十"的"80后"

神舟十号从太空归来，再次将中国航天的高度写在苍穹之上。航天人一双双有力的手托举着神舟十号和三名航天员飞向太空，和天宫一号完美对接，也托举着中国航天梦向深邃宇宙更进一步。

中国载人航天工程总设计师周建平如此评价载人航天事业的万人团队：这是一支年轻、朝气蓬勃、充满创新力的队伍，总设计师都在40岁到50岁之间，主任设计师30到40岁为多，技术骨干大多在30来岁。实现航天梦，这是核心竞争力。

责任，牢牢扛在肩上

长征二号2F火箭副主任设计师郑立伟，33岁时从哈尔滨工业大学拿到博士学位后，就来到中国航天科技集团一院，也就是著名的火箭研究院工作，从此和载人航天事业结缘。

"神十"任务中，郑立伟是逃逸救生小组的负责人，小组的主要工作是实时监测火箭点火发射到飞船入轨整个飞行过程的重点参数。同时，在发现可能危及航天员生命安全的重大故障时，及时发出逃逸指令，使航天员顺利脱离危险区。

"这是一项对安全性要求非常高的工作。"郑立伟说。为了测试各种变化因素对安全性的影响，郑立伟和他的团队不仅要做复杂的计算机仿真计算，还要依靠人工做大量的实物仿真测试。

"火箭安全上升时，我们不能错发指令；而在真的出现隐患时，我们更不能不发出指令。"郑立伟说，"对火箭逃逸系统的安全性追求是无止境的。"

有人说，飞行器太空对接就像是在百米外进行穿针引线，穿针需要一双明亮的眼睛。神舟十号和天宫一号交会对接中，"神十"的"眼睛"更亮、更锐利，视野更广，其中很大功劳要归于中国电子科技集团公司的激光雷达团队。

1981年出生的李丽负责激光雷达误差模型的建立。这项工作在当时没有先例可循，她从多个途径查找资料进行理论学习，并将所能查阅的激光雷达测试数据进行分类统计再分析。数据处理任务不仅工作量巨大，更为关键的是不能放过任何一个可疑数据，于是，加班成了工作常态。

"在航天城里待久了，偶尔出去一次总觉得与外面的世界有些脱节，只有回到了航天城，坐在指控大厅的岗位上，才能真正找回内心的平静。"这是张锴偶尔说出的一段话，1982年出生的他，是"神十"任务中中国首次太空授课活动的总调度。

参与太空授课活动的单位多达几十家，北京航天飞行控制中心是此次太空授课活动测控通信系统的组织者和神经中枢。张锴被任命为总调度后，从通读太空授课的方案预案开始，抽丝剥茧，深入其中，把太空授课的每一处细节、每一个可能出现的故障预案都深深刻入脑海。然后就是没日没夜地练习熟悉调度口令，组织任务仿真联试。很多人不知道的是，当时张锴的孩子刚刚出生，由于一直忙于神舟十号任务，他抱孩子的次数屈指可数。

神舟十号飞船发射升空、精确入轨，北京航天飞行控制中心年轻的轨道岗位主任设计师张宇用事实和结果证明了中国精度——飞船实际入轨参数跟他计算的入轨参数丝毫不差。

2005 年硕士毕业后来到北京航天飞行控制中心工作后，张宇就默默耕耘在轨道保障岗位上，从助理工程师到轨道组组长兼天宫一号轨道室主任设计师，张宇的工作能力就像神舟飞船一样不断跃升。

"我们是中国精度的确定者，但我们更要做中国精度的刷新者。"张宇这样与团队共勉："轨道确定是人类一切太空活动的基础，我们的轨道精度越高，我们才能在太空走得更远。"

辛苦，常当成笑话讲

1980 年出生的邓全是中国电子科技集团公司"神十"激光雷达项目组的分机负责人。有一次，为了排查问题，在 60 摄氏度的高温箱里，他猫着腰，脸被蒸得通红，浑身湿透，当时是冬天，高温箱外的气温很低，让他有种"冰火两重天"的感觉，但他一声未吭。在云南丽江做试验时，他顶着高原强烈的紫外线在野外一待就是半天，身上皮都晒脱了，第二天依然顶着酷暑进行试验。

微波雷达在两个航天器的交会对接中的作用不可替代。在中国航天科工集团公司二院的交会对接微波雷达团队中，1983 年出生的贺中琴是一位女设计师。早在 2007 年，她还在读研究生时，就加入了这个微波雷达项目组，当时她刚满 24 岁。虽说是"物以稀为贵"，但贺中琴在项目组里并未受到"优待"。至今让她难忘的是，2009 年做试验的那段日子。

这个试验对环境的要求比较特殊，为了隔绝外界干扰，必须在铺满吸波材料的暗室里进行，这让贺中琴和同事们没少受罪。

"暗室只有一个门可以进出，极其不方便。"贺中琴说，"每天进去的时候，都得把之前铺好的吸波材料挪开，最后进去的人再把挪开的吸波材料一块块重新码好。然后，接下来整整一天除了吃中饭外，都不敢再出去，不敢喝水，不敢上厕所，因为只要有人出去走一趟，吸波材料就得再重新铺一遍，如果铺不整齐露出来还会影响到测试效果。"

由于吸波材料里填充了碳粉，所以暗室的空气里漂浮着黑色的粉尘。整整大半年，贺中琴和同事们每天都像下矿井挖了煤一样，整个人都黑乎乎、脏兮兮的，就连手指甲和脚指甲也都是黑的，用鞋刷子使劲刷都刷不掉。

"记得有一次，所里领导来暗室慰问我们，就看到我们一拨人黑压压地站在那里。然后所长就突然大声问'小贺呢，小贺怎么没来？'其实我就站在里面，但脸啊，手啊，头发啊都黑乎乎一片，完全认不出模样。"这件事后来也常常被大家当笑话讲。

同在微波雷达团队的徐秋锋，1982 年出生，在他记忆里，从 2007 年进入项目组开始，就没有什么假期了，加班和出差成为日常生活里常遇到的两件事情。

第一个女朋友和徐秋锋提分手，其中一个原因就是他太忙。每次说到这件事，徐秋锋低着头，憨笑不语。

除了加班，出差也是家常便饭。徐秋锋说起一次到湖北出差的经历，"我们去的时候天气还比较热，大家都只穿着短袖衬衫，因为想着半个月就回来了，所以也没多带衣服，更没想要带厚衣服。结果一下待到 12 月份，湖北那里还下了雪，我们四个只好一直裹着在试验场领到的军大衣撑到回北京。"

徐秋锋的同事，1986 年出生的贾学振说得更幽默：连着三四个月在外奔波。这一圈下来还没来得及细想感受，就到农历新年了！

无悔，舍小家为国家

身着朴蓝大褂，理着平头，身体显瘦却神采飞扬的费江涛是典型的"85后"，他被同事称为"离天最近的飞控人"，是几次大型航天任务遥控发令岗位的主力。

谈到自己的岗位，费江涛自豪地说："神舟十号飞船在太空中的每一个姿态调整，每一次大小控制，甚至是每一个摄像头的开关都是通过我这个岗位发送的控制指令实现的，我们确实是离航天员最近的飞控人。"

费江涛深知自己承担的责任与风险。每一条发往太空的指令，只需几秒钟就能到达，一旦出现错误根本没有机会更改，特别是一些事关飞船生命安全的关键指令，必须准备无误。"压力山大！"费江涛这样描述自己坐在岗位上时的感受。

2009 年到北京航天飞行控制中心工作后，费江涛的大部分业余时间都是在加班中度过，然而也正是这些八小时之外的加班，让他更快地进步和成长，也才让他在工作不到两年时就坐上了遥控发令这个关键岗位的主力位置。

1983 年出生的谢亚峰，是神舟十号飞船激光雷达单机产品生产负责人。作为家中独子，工作地点又远在千里之外，平常根本没有时间照顾家里的事务。在"神十"研制最紧张的时候，父亲病重，他只能趁着假期驱车往返，和父亲在一起待一天。在一次出差途中，他接到父亲病危的消息，他立马把工作交接后往家里赶，但父亲还是离他而去。

不是不想家，不是不爱家，而是面对高于一切的航天事业，谢亚峰选择的是隐忍。他说，如果将来有一天，能看到自己参与研制的设备在星空中成为耀眼的一颗星，那将是告慰父亲最好的礼物。

"'神十'发射成功了，你们肯定会发不少钱吧？""神十"成功后，参与微波雷达研制的1984 年出生的邓晓东，经常会被问到这样的问题。"我说没有，他们都不相信，于是我就解释。解释一遍，他们不信，我就不再解释了。反正我心里知道，自己做了一件有意义的事，它会伴随和影响我今后的人生。"

院士中的共产党员群体：科学先锋，追求卓越

作为顶尖科学家，院士是我国科学技术工作者的杰出代表，他们的学术成就和学术造诣，反映了我国的科学技术水平。

在院士队伍中，党员院士为我国的科学事业做出了不可磨灭的贡献，他们既发挥着共产党员的先锋模范作用，又发挥着学科带头人的作用。在为人治学方面，他们也同样秉承着共产党员的优秀品质，时时为他人树立典范。

追求真理的先锋

可敬的老共产党员、"助燃中国火箭"的李俊贤院士，这位老人加班加点干工作的时间超过常人 20 年的法定工作时间。他用自己的实际行动践行着入党誓言，履行着一名共产党员应尽的义务，发挥着共产党员的先锋模范作用。

有人评价，尖端科技必有水平顶尖的领军人物，领军人物必有超人的付出和奉献，超人的奉献必有崇高的精神，崇高的精神必定会造就伟大的事业。崇高的精神从哪里来？性格内向、不善言辞的李俊贤院士用一颗共

产党员的心，用一名共产党员的实际行动表达着对祖国深沉的爱。

"我们搞科技发明，唯一的动力就是报效国家"、"作为科技工作者，一定要理解自己肩上沉重的担子，努力工作，创新不已，造福国家"。耄耋之年的李俊贤院士，经常这样对身边的人说。如今，他仍带领年轻科技人员工作在一线。他的身影依然活跃在实验室、图书馆、车间里，同大家一起探讨和解决科研难题，在化学推进剂原材料和聚氨酯两大科研领域里奋力拼搏着……

马伟明院士 41 岁就当选为中国工程院院士，是当时最年轻的工程院院士。他秉承"作为党和军队培养的院士，科技强军事业高于天"的信念，矢志报国、淡泊名利，长期致力于舰船电气工程领域研究，带领科研创新团队在舰船综合电力技术和电磁发射领域取得了一系列具有自主知识产权的成果，为国家科技进步与国防装备建设做出了突出贡献。他在世界上最早提出"电力集成"理论，先后攻克制约国家、军队装备发展的重大技术难关，有 20 多项成果为"世界首创"、"国际领先"。

2007 年度国家最高科技奖获得者、我国著名植物学家吴征镒在年过九旬之时，每天还坚持工作 3 个小时。往前追溯，新中国建立之初，当国家急需橡胶时，他就参加和领导了海南、云南的橡胶宜林地考察，又同其他科学家一道发起了建立我国自然保护区的倡议……从科学救国到科技兴国，这位身为大科学家的老共产党人为了追寻科学理想和科技报国梦想，不仅跨越了空间，也超越了时间。

民族振兴的脊梁

一名院士的成就往往反映在创新的科研成果上，这些成果往往于国于民关系重大；一名共产党员的品质往往反映在危急关头，创造奇迹。对许多党员院士来说，这恰恰就是他们的普通人生。

刘先林院士几十年来不停拼搏的动力，是一个科技工作者的民族自尊心和责任感。"我国在很长时间里是欧洲精密航测仪器的主要市场，由于我们研制不出精密航空测量仪器，许多外商向我们漫天要价，甚至把一些零部件拼凑在一起，高价向我们出售并不成熟的设备。眼见国家花大量外汇，买一些所谓的高技术产品，心疼啊！"这是一名有着几十年党龄的共产党员的切肤之痛。

2007年5月30日，具有自主知识产权的测绘科研项目——SWDC系列数字航空摄影仪问世，一举填补了国内空白。这个高科技产品不仅高程精度指标达到国际同类产品的领先水平，整体技术指标达到国际先进水平，而且花费不多，性价比高，可广泛应用于国土、测绘、水利、公路、铁路、城建、环保、旅游等部门，具有广阔的应用前景。主持SWDC数字航摄仪研制的，正是刘先林院士。而这一年，刘先林已经68岁。

几十年来，由刘先林完成或主持完成的科研成果不下10项，多项成果填补国内空白，这些成果结束了我国先进测绘仪器全部依赖进口的历史。

"院士兵"臧克茂院士和癌症搏斗了20余年，但他的笑声更加爽朗。穿刺、活检、理疗、化疗……频繁的手术，导致血小板和白细胞数量降到正常人的一半，体重骤降20多斤，尿频、尿急等症状不断加重。给研究生和本科生上课的时候，为了不显露出异样，他会提前赶到教室，和学生聊聊家常。为了减少排尿避免尿血，他早上不喝汤水，只吃干馒头。

他每天只睡三四个小时，长时间的超负荷工作，让他常感到头晕乏力，一次洗澡时竟跌倒在浴室里，头部磕破，缝了6针。第二天一早，他戴上一顶大棉帽捂住伤口，照常出现在实验室。就在这样的状况下，臧克茂坚守教学科研一线，先后主持完成20余项国家和军队重点科研项目，攻克多项核心关键技术，为陆战之王——坦克配上克敌制胜的重要法宝，为我军武器装备现代化建设做出重大贡献。

像刘先林、臧克茂这样的党员院士，在院士队伍中不在少数，无论是在基础研究还是应用研究，或是重大科学工程项目，他们以共产党人的意志和毅力，目光锁定与国家、人民最为紧要的科学难题和重大课题，创造了一个又一个科学奇迹。

为民服务的楷模

共产党人的优秀品格不独反映在攀登科学高峰上，也时时体现在与人民同舟共济、患难与共中。凝聚人们的心气，成为群众的主心骨，在这一点上，很多党员院士用行动做出了示范。

吴孟超院士被誉为"中国肝脏外科之父"。多少年来，他始终把党的事业、国家的利益和人民的幸福放在第一位，创造了中国和国际肝脏外科界的多个第一。他不仅是肝胆方面的"名医"，而且与人民肝胆相照。他的高超医术和高尚医德令人钦佩、感人肺腑，成为人们学习的楷模。在人们的眼中，他代表了高尚的医魂。

有人形容，他的"这双手在肝脏的方寸之地破译生命密码，把一万多名病人从人生的绝境中拉了出来，许多患者千里迢迢赶来，仿佛握一握它们，就看到了生之亮光"。而对吴孟超院士自己而言，他难以忘记的是66年前在党旗下发出的庄严誓言，"为共产主义奋斗终身"、"全心全意为人民服务"。

虽然20年时间过去，但人们依然记得那一场抗击非典的"战役"中，钟南山院士率先带领团队投入救治行动，组织广东医疗界开展非典防治研究，创造出国际上最高的存活率。在甲流防治过程中，他又带领大家成功抢救多例重症甲流患者，参与制定原卫生部治疗方案。身为一名共产党员，钟南山院士不仅仅投身呼吸系统疾病的临床、教学和科研工作60余年，也在危急时刻挺身而出，成为团队的主心骨。正是在他和同事们对病毒的有效防治下，社会恐慌情绪慢慢消退。

事实上，正是那些和吴孟超、钟南山一样永远铭记入党誓言的党员院士们，始终把群众的关切记在心上，始终为人民的利益尽力奔忙，才赢得了百姓由衷的赞叹，筑就了国家前行的基石。

卫星测控中心着陆场站：把航天员接回祖国怀抱

"看，飞船，飞船！航天员回来了！"

2012 年 6 月 29 日 10 时 03 分，神舟九号飞船成功着陆，欢呼声传遍大草原。在西安卫星测验中心着陆场站的引导下，航天员从太空稳稳地接回了祖国的怀抱。

神舟九号作为我国首次载人交会对接航天飞行，航天员的安全是决定飞行成败的核心。着陆场系统作为整个工程的最后一棒，关乎全局，至关重要。

成功返回，航天大戏的完美结局

完成神舟九号任务，西安着陆场站刷新了当时的一项项纪录：雷达跟踪返回舱 695.105 千米、出黑障重捕返回舱用时 5.7 秒、USB 系统捕获目标用时 5 秒；首次使用搜救光学吊舱成功清晰拍摄到返回舱乘伞下降及着陆点火图像、光测首次四视场同时全程拍摄返回着陆实况、中高轨望远镜目标提取率首次超过 90%、着陆时段常规天气预报和高空风预报准确率首次达到 100% 的"三最四首次"新纪录。

优异的答卷向全国人民展示了属于着陆场人的一份自豪与荣耀。

首次载人交会对接对主着陆场的技术状态和任务要求提出了新的挑战，每一项技术背后都影响着返回舱的着陆和航天员的健康。

"雷暴"是影响飞船安全着陆的一个重要因素。内蒙古夏季天气变幻莫测，大风、沙尘、雷暴、降水成为这一时节草原气候的主要特点。在"神九"返回的气象保障方案中，"无雷暴"气象要求被排在首位。以前未在夏季执行飞船回收气象保障的着陆场人，有了新的目标——精确预报雷暴。

挑战面前，着陆场站气象台高级工程师王红军从容上阵。自2012年4月初进驻场区以来，他和预报组人员一起，查阅主着陆场区高空、地面气象历史数据，走访内蒙古气象局请教专家，对16项气象要素进行统计分析，建立了雷暴、沙尘等危险天气资料库，编写了详细的技术实施方案。

执行飞船回收任务前三天，主着陆场持续雷暴降雨。任务总指挥部一次次打电话询问预定着陆时间天气会不会好转？气象官兵果断回答："请首长放心，飞船着陆时肯定无雷暴降雨。"

果然，执行飞船回收任务当天，着陆场区风轻云淡、晴空万里，完全满足飞船回收的气象要求。

飞船返回着陆段容易发生故障，"黑障区"也是其中重要的因素。时任着陆场站站长贾书贵介绍，攻克"黑障区"是雷达队的"一场硬仗"，能否确保返回舱出"黑障区"后第一时间被捕获，事关任务成败。

"失败是差一点点成功，成功是差一点点失败"，这句关于成败的充满辩证的论断，深深刻在着陆场人心中。多年来，着陆场站官兵苦练技能，练就了"一引即准、一抓就稳"的过硬本领。高级工程师孙玉柱精确推算出目标出"黑障"丢失重捕的理论等待点，为返回舱出"黑障"目标丢失后的快速重捕提供了保证。

广袤草原见证无怨无悔

2012 年 6 月 24 日，搜救队队长霍伟华当上了爸爸。为人父与"神九"成功的喜悦汇聚在一起，让他觉得自己无比幸运。

霍伟华，战友们称他"搜救哥"；妻子宋平，战友们叫她"回收妹"。两人从事同一份光荣的事业。但在"神九"任务中，夫妻俩却远隔千里，没有一起并肩作战。原因很简单：2012 年 6 月 29 日是飞船的预定回收期；6 月 26 日是他们宝宝的预产期。

一边是航天员，一边是即将分娩的妻子，面对艰难的抉择，霍伟华做下决定：把妻子宋平送回老家，自己早早就来到场区执行任务。

"虽然没有亲眼看到孩子出生，但我用双手安全把航天员接回祖国怀抱，送给了孩子一份最好的人生礼物。"虽然也有一丝遗憾，但霍伟华脸上更多的是幸福。

"神舟第一开舱手"李涛说道，返回舱开舱，可不是件简单的活。要将专用工具精准地插入锁孔，通过减压阀平衡舱内外气压。平衡舱内外气压不能快也不能慢：太快，航天员身体一下子适应不了；太慢，耽误航天员出舱时间。

"神一"任务以来，作为开舱手，李涛付出了比常人更多的汗水。为了精准、快速地打开舱门，他成千上万次进行开舱训练，使模拟返回舱精钢做的门闩都被拉断了。在训练条件受限的情况下，他用高压锅模拟返回舱气压环境反复练习开舱门，用坏的高压锅就有三四个。

王舒默，2011年从学校毕业的年轻女干部，乍一看还是一个稚气未脱的小女孩。"神九"任务准备过程中，她主要是模拟女航天员刘洋的角色。模拟返回舱是一个空间狭小的"罐子"，里面密闭不透风。在里面待上一会儿，就闷得喘不过气来。大家都形象地说，在里面就像是蒸桑拿。每次训练，瘦弱的王舒默都要在模拟返回舱里待上大半天。当时场站政委马远库说道，这个小姑娘自从承担起这项任务后一直都很努力，在她脸上从来看不到半点抱怨。虽说只是个"替身"，但王舒默演绎出属于自己的精彩。

"任一方草原，都苍翠辽阔。任一方星空，都高远神秘。源于一种召唤，再上草原寻梦。源于一种责任，扎根草原测控。"这是着陆场站一名技术干部写的诗句。广袤的草原留下着陆场站人跋涉的足迹，也见证着他们的铁血忠魂和无怨无悔。

北斗事业的新生力量：放飞北斗的"80后"

沙场，引领三军列阵米秒不差；南海，俯瞰海域岛礁守护渔民；灾区，及时送出讯息字字千金……遥望星空，北斗已成为当代中国的一张耀眼"国家名片"；这张名片后面，我们看到了一群生机勃勃的"80后"，作为新生力量，在急难险重任务来临时，次次冲在前面。

他们在放飞"北斗"的同时，也放飞了他们的青春和激情。

与君初相识，犹如故人归

并不算大的办公室，方方正正的格子间，不时传来的键盘敲击声……初见朱位时，他正坐在工位上，盯着屏幕，阳光透过玻璃窗洒在他专注的脸上。若不是屏幕上随着他鼠标点击来回翻转的卫星结构三维图，很难想象，那正于太空翱翔、吸引了大批国内外"粉丝"的北斗卫星的雏形，竟是来自这个和普通白领办公室别无二致的小小格子间。

"卫星的物理部分，根据需求确定哪种平台、规划整体布局以及实施流程的设计，都是我们的职责所在。"作为北斗三号卫星总体副主任设计师，朱位有着和年龄不太相符的淡定从容。

谈及这份在很多人眼中"高大上"的工作，朱位说，这更像是一种对"新生儿"的孕育和陪伴——看着卫星的模样在屏幕中一点点生成、完善；陪着它经历热试验、力学试验等一系列"挑战"；最后，在西昌卫星发射中心看着它搭乘火箭穿过苍穹，时刻不离。

设计完成后的卫星进入总体装配环节后，就由星船总体装配中级技师徐微微所在的岗位接棒。

1987年出生的徐微微是个身材苗条的北京姑娘，很难想象她的工作内容是给卫星铺电缆、焊电线、安设备……在"十万级净化"的总装测试大厅里，穿着防静电服、戴着工作帽，她常常是猫着腰一干就是一个多小时。

在电测间里，电测指挥朱琳和闫旭在这狭小的空间里，在成排的电脑和电缆之间，紧盯着屏幕，发指令、判读数据、实时监控卫星状态……电测，是北斗卫星发射前的最后一环。

"就好比电视机组装完之后，怎么知道它的性能是好的？就要过个电看一下，看看是否能接收到节目、画面清不清晰。"闫旭打了个比方。

但实际上，卫星的测试要比普通产品复杂得多。以北斗卫星为例，上万条指令和上万个参数都需要覆盖测试，况且为了暴露设备的制造错误和生产缺陷，还要经历常规环境和试验环境——从北斗三号的首发两颗星开始电测直到发射，整星电测上千小时，这对于长期在轨任务卫星来说也算长的。

综合计划调度陈昊和朱位年龄一样大，他的工作既包括人手的调度，也包括设备资源的调配。他像北斗卫星的"管家"，但这个管家不好当，"就是逼着自己掌握进度，还要保证质量，这本身就是一个矛盾体。"

都说调度员的情商、智商要高，但陈昊却自嘲说主要是得"脸皮厚"——同事们最"烦"的便是接到调度员的电话，因为那很可能意味着晚上又要加班。"下班后、节假日，我都干过把人'抓'回来加班的事儿。"陈昊还会不停地看手机，"就怕错过，有时夜里醒来也会看一眼有没有信息。"

精感石没羽，岂云悍险艰

他们，操控着价值上亿的仪器，随北斗的时间节点调整自己的生活节奏。

随着我国航天事业进入发展黄金期，航天发射密度逐步加大，"北斗人"的工作强度和压力也随之加大。航天前辈们的"加班传统"也在这些"80后"身上延续着。

拿2017年北斗三号卫星发射来说，当年春节期进行热试验，劳动节进行出厂测试，国庆节进发射场待命……对这些"北斗人"来说，早已没有了节假日的概念，一个个时间节点，是北斗的节奏，也是他们生活的节奏。"和朋友聚会、和家人旅行，包括和男朋友结婚，都得先看看北斗的进度计划。"徐微微说。

压力不仅仅来自工作强度。"老师傅会跟我们说，你们这是手托上亿资产！"陈昊说，卫星上的一台单机设备，很可能花了一个亿的研究费用，这对总装操作岗位技能水平提出了很高要求。

北斗三号卫星内部小小的2立方米空间里，安放着160多台精密设备，每个设备之间空隙也就十几毫米。这就要求徐微微们得特别胆大心细。细细的导线，手一抖，两根导线就焊不到一块儿；还得保证不碰到旁边近在咫尺的其他设备，不能把多余物掉到卫星舱里……

对一颗卫星来说，卫星方案的最终敲定可能是漫长的，但发射的时间点却是确定的。比如，早在2015年的时候，就已经确定北斗三号首发两颗卫星要在2017年发射，那时候，卫星最终的方案还在完善中。

卫星发射的计划和节点一旦确定便不能更改，整星出厂的大节点定了后，再倒推分解到每个月、每一天。在按照节点完成相关工作前，大家的压力都非常大，自己的环节完不成，就会影响到后续环节甚至发射任务。

朱位仍对2013年设计卫星的经历印象深刻。在一个重要方案文件评审的节点上，他所在的三人小团队就在准备开评审会的会议室隔壁通宵赶工，到凌晨四点多定稿完毕，大家就披着大衣、枕着文件在会议桌上睡了一会。突然感觉身下震动，"地震了？"猛然惊醒，原来是保洁阿姨在擦桌收拾……

衣沾不足惜，但使愿无违

他们，抬头看到火箭撕破空气、呼啸着穿过苍穹时，便会清晰地感知到梦想的力量

"80后"这一代，受到外部世界的"冲击"很明显。很多人毕业时候选择去互联网公司、外企，对于从事航天工作的人，用徐微微的话说，还是因为大家是发自内心地喜欢航天。

闫旭的奶奶有好几个孙子，这其中，就数闫旭收入低，但奶奶也对他最好，一提到这个"搞航天的大孙子"，便高兴得合不拢嘴。

搞航天的人，家里人付出的其实比自己更多，至少感情上肯定是。2017 年 10 月 28 日，徐微微本来打算和男朋友一起去领证，结果因为发射任务没成行。那是她第二次推迟婚期。还好男朋友不仅没意见，还对徐微微说："你是为了航天事业做贡献。"

没有太多时间陪家人，是他们的共同特征。闫旭的女儿出生时刚好赶上卫星测试，他陪小孩的时间比"陪"卫星的时间少得多。

陈昊送女儿上幼儿园的故事已经是个"经典"。陈昊是调度，电话特别多，一天要接一百三四十个电话。女儿三岁多的时候，上幼儿园第一天，是陈昊送着去的。一路上他电话不断，到了幼儿园，他一边打着电话一边跟老师说女儿叫什么名字、上什么班……跟老师说好，便又打着电话回去上班了。"到了单位后，媳妇儿给他打电话，说'把孩子送错班了你知道吗？！'"

虽然是"80 后"，但这群年轻人真干起活来，和前辈们的状态并没什么两样。"我们有时候也会开玩笑说'不给钱的加班不能接受'，但真有活，就绝不能马虎，我们只是会更注重提高效率。"

第六颗北斗卫星发射前，当星箭组合体沿着长 2 千米的轨道缓缓运往发射塔架时，朱琳第一次加入现场"追星族"的队伍，一路小跑跟着组合体前往塔架。"我就觉得一定要看着它走，有种卫星要'出嫁'般的不舍。"

朱琳还有一个小习惯，就是每次卫星在发射塔架上待命发射的那一天，她都会找各种理由去塔架那里看一眼。"就是为了记住它。"

这些"80后"应该算是干活力量了。"无论有多辛苦，平凡或不平凡，当抬头看到火箭撕破空气，呼啸着穿过苍穹，他们便会清晰地感知到梦想的力量。"

北斗事业的"追星族"：拥抱北斗的"90后"

　　他们是"追星族"，将青春写进航天事业，很酷！

　　"小时候的理想是做个'科学家'，毕业后选择了航天事业，才发现选择了离'科学家'最近的职业。"

　　他们是"技术控"，敢创新善钻研爱发明，特拼！

　　"当了航天人，变得不再毛躁，就连孩子手工作品胶水涂得不工整，都要重新涂一次，容不得一点瑕疵。"

　　他们爱工作懂生活，总能保持最佳状态，超燃！

　　"航天工作辛苦，工作之余我喜欢健身游泳；大汗淋漓之后，疲惫也得到了释放，感觉满血复活了。"

一飞冲天

　　冬日的北京，一排排电脑之间，一位脸庞青涩的小伙子正专注地盯着屏幕。

　　"看！这就是卫星！"余速指着屏幕上跳动的数字与变化的折线图说。

　　"这是卫星？"因为屏幕上看不到任何关于卫星的图案，有人疑惑地问。

"这些数据的变动，就是卫星的'心跳'。"在数据中与卫星"隔空对话"，身穿白大褂的余速，像是卫星导航系统的"体检师"。每颗卫星上天前，他都要完成数轮测试、每轮测几百个数据，阶段总结报告要写三四百页纸……犹如一位翻译家，在不同语言之间自如转换。

相隔几米，是另一位"体检师"胡帆的工位。"我的工作是监测卫星在接受不到地面信号时，能否自主控制、自主运行。"发出指令、研判数据，这个"90后"的小女生，见人总是笑眯眯的，很难想象她给卫星换电缆、搬机器、调设备的样子，"光通电测试，就要陪着卫星整整两个月，感情能不深吗！"

各个零件测试完好，还要管理好卫星的"发动机"——这是航天五院 502 所杨南基的工作。她略显疲惫的脸在谈及工作时，眼里似乎能看到"光"。"控制推进系统犹如'刀尖上的舞蹈'，是份'难差事'，更是个'精细活'。"

难在什么地方？推进器加注时，由于加注燃料有一定的危险性，要花近一个月的时间准备演练，确保加注点滴不漏……

细到什么程度？推进系统 71 个部件、200 多个焊点，最细的地方内径只有 2.4 毫米，既怕堵，又怕漏，需要拿氦气笔、肥皂水反复检测……

她没有喊过一句苦、叫过一声累。"自己参与研发的卫星上天了，便是最幸福的时刻。"

除保障每颗北斗正常运行之外，卫星之间还需建立通路，航天五院西安分院的陈玲玲正坐在办公室里，进行紧张的测试。她像是个"大管家"，在卫星之间建立打通"太空天堑"的通途。

"我不太会跟人打交道，更喜欢和机器打交道。"陈玲玲说，自己有点内向，见人说话经常"不好意思"，但与机器"对话"，就觉得"自在得多"。

比起以上几位的偏重设计、测试，下面这位"建筑师"，似乎离北斗更"近"。

"我负责卫星的组装。"廖宏博说，如果把北斗卫星比喻成人体，各个核心器件就是卫星的"器官"，他的工作就是将各个"器官"通过导线等"血管"连成整体，赋予卫星"生命"。

"亲眼看着北斗卫星从一个个零件整合成一个整体，觉得太神奇了。"廖宏博说，"我们是'追星族'，将青春写进航天事业，很酷！"

卫星有了"生命"，还得接上"翅膀"，王国星正忙着给北斗加装太阳翼："长达十几米的太阳翼，水平安装误差要小于几丝，工作精度比头发丝还要细。"

干这样的"细"活，做事就该"精益求精"。王国星却说在这方面曾"吃过亏"——刚接受北斗任务时，第一件事就是制作一种打孔模板。"在学校时做过，觉得比较简单，三下五除二就画出了图纸，交给了装配员师傅。"第二天师傅来找他，说工装精度不够、又沉又不好用。"通过这件事我发现，工作中的每个细节都需要慢慢揣摩掌握，凡事不能想当然。"

划破天际

北斗的关键技术，在一代代北斗人手上取得突破并逐渐成熟，相比于前辈致力于填补技术空白、加紧"技术突破","90后"更像是"生产线"上的一线设计师。

"分到我们手上的工作可能更基础、琐碎、庞杂。但对每个数据都不能马虎,一点问题都可能影响全局。"陈玲玲在刚入职时,面对繁重的型号任务,常常失眠,连做梦都是工作上的事。

一次无线联试中,她发现了频谱仪上一条一闪而过的异常谱,此时距离整星交付仅剩几天。"遇到这种事儿,有经验的老员工也会紧张,她却没被'吓住',细心求证,抽丝剥茧,最终顺利地将问题解决了。"同事说。

关键时刻能"扛"住事儿,遇到问题还能用"灵活的思维"解决。刚入职不久的余速,通过自己开发的"小程序",提升了测试效率。"原来每测一个数据,需要多次往返于操作间与监控室,一上午微信步数就有上万步……"余速说,现在只需在电脑上输入对应设备的 IP 地址,即可完成测试,结果呈现也更加直观。说起设计灵感,余速却笑着说:"可能是因为我有点'懒',时间紧,任务重,也是被'逼'出来的。"

参与研制时,王国星发现太阳翼实际装配中,"依靠人力操作,费时费力,还有安全隐患"。他反复研究,设计出一款便于携带的新式调整装置,缩短了调试周期,提升了精度。

"遇事先动脑,是'90后'的一大特点。"王国星的师傅李文涛说,"'90后'是'技术控',敢创新善钻研爱发明,天生有股拼劲儿。"

一个新设备送来,胡帆常常能在一天之内研究透资料、学会操作,并写好新系统的操作程序代码。"确实非常紧张。写错一个代码都可能导致整个机器运转不畅，造成上亿元的损失不说，还可能耽误了卫星整体发射计划。"胡帆说，尽管很难，在大家帮助下，每一次都能顺利完成任务。

廖宏博也说，"刚开始接触焊接，不得要领，手不稳、力不够，总是干着急。"有些零件焊接，需要把身子卡在一个角落，向后伸胳膊，反手伸入一个狭窄的槽里进行，力度的拿捏、操作的技巧，绝非一朝一夕能掌握。为了揣摩其中的技巧和力度，廖宏博拿笔写字、吃饭用筷子时，常比画着手上操作……

1993年出生的廖宏博，如今已是北斗卫星的电装主管。"从来没有过员工新入职三四年就担任此职位的先例。"航天器总装中心副主任邱铁成说，有一次，焊接作业的质量要求近乎苛刻，大家就看到廖宏博桌上摆着60根用于焊接练习的导线，"大家都看到了他的努力"。

在轨引航

"计划，对我们来说是最大的命令。"胡帆说，2019年9月，她独自在西昌发射场，代表小组完成型号任务。"本来计划月底之前能干完活，'十一'还能放个假，没想到在回来的机场里，又接到了新的工作安排……答应给别人做伴娘都没去成。"

一次次约会爽约、一次次买了回家的机票又退票，他们的生活似乎在跟着北斗的节奏不断变化。"遇到迷茫的时候，给家人打个电话，就能重燃信心。"胡帆说，工作以来，陪家人的时间少了，但家人提起她，脸上有着一份自豪。

面对这样一份不能过多对外人提起、忙起来却颠三倒四的工作，众多"90后"坦言，动力源自心底对航天的热爱与向往。"小时候就爱收集卫星发射成功的首日封。"从"风云一号"气象卫星，到"嫦娥一号"探月卫星，中国航天由"大"变"强"的足迹，在杨南基手里被一一"记录"。

回忆起第一次装太阳翼，王国星记忆犹新：为了让操作万无一失，那晚不知道加班到了几点。"做完后，从厂房出来，走在宽敞安静的航天城园区，望着深空中的繁星皓月，疲惫烦劳都烟消云散了。"王国星回忆。

"学弟学妹们问我工作如何，我从不提'忙'、不提'累'，"余速说，不怕苦不怕累，是一代代北斗人传承下来的精神品质。工作之余，余速的朋友圈里写满了对生活的热爱，路边的小猫、山间的花草、金色的小号……发现美好瞬间，他们爱工作懂生活，总能保持最佳状态，超燃！

提拉米苏、蛋挞、芝士派……廖宏博经常给大家做蛋糕，在大家眼里他是一个名副其实的"小暖男"。"做蛋糕的同时，可以放松身心，感受生活中的'小确幸'。"廖宏博说。

入职后，经人介绍，廖宏博认识了同在航天五院529厂工作的女朋友。两人能共同为国家航天事业付出汗水，"这是很幸福的事"。

谈及未来，他们充满期待。"等到将手里的卫星顺利送上天，腾出时间出去旅游一趟。"杨南基说，"我对这个世界充满好奇，逐梦航天，也是在探究世界。"

"我是个理科生，缺少诗情画意，没给负责的星起出什么特别的名字。我觉得，'北斗'就是它最动听的名字。"余速说，当火箭载着卫星划破苍穹、冲向太空时，那一抹绚丽的尾翼，就是北斗人奋斗的色彩……

C919 首飞机组：和大飞机一起舞动青春

2017 年 5 月 5 日，C919 大型客机在上海成功首飞，这同时也是中国民机制造业的一次重大飞跃。在成功首飞的机组背后，有一支年轻的技术团队，面对准备工作任务重、时间紧、压力大等种种难题，他们给机组减压、提效，确保高效、高质量地完成所有的首飞准备工作。

2018 年 5 月 4 日，这支由中国第一代民机试飞工程师组成的中国商飞 C919 大型客机首飞机组青年团队（以下简称青年团队）被授予第二十二届"中国青年五四奖章集体"。

这是一群没日没夜工作的年轻人

在 C919 首飞后的讲评会上，在首飞机组中担任观察员的中国商飞公司总飞行师钱进特别感谢了"一群没日没夜工作的年轻人"，他们正是中国商飞 C919 大型客机首飞机组青年团队。

试飞工程师赖培军告诉记者，青年团队成员主要由中国商飞试飞中心的试飞工程师和课题工程师组成。

C919 首飞当天，赖培军和团队成员张龙像每次滑行试验一样，坐在

215

指挥大厅内关注着眼前的屏幕。"我当时都没来得及看飞机离地的那一下。"张龙只记得他当时一直盯着眼前飞控系统的监控画面。

因为对飞机的状态很了解，也进行过多次滑行试验，赖培军和张龙在首飞当天并没有特别紧张，但"激动是必然的"。"C919首飞后切实地感受到，自己付出的努力与最后成功那一刻的满足感是成正比的。"赖培军说。

C919大型客机首飞前，青年团队的工作就是"一切围绕首飞机组"。一架飞机的型号首飞需要首飞机组具备过硬的技术能力。在有限的时间里，在大量信息和试验的"包围"下，如何保证首飞机组得到科学、有序的工作安排和精力分配，并全面提高各方面的技术能力，是C919型号首飞能否成功的关键。

18架次地面滑行试验任务、2轮24天飞机系统理论培训、2轮8天技术交底、5次座舱实习、23天电传侧杆及变稳机试飞、6天烟雾撤离、应急离机……这是首飞前机组完成的"任务清单"，而这些数字的背后，都离不开青年团队的付出。

为确保首飞机组全面掌握C919飞机系统原理、各系统变化情况等，青年团队精心策划了多项技术准备工作，有效增强了首飞机组的技术储备。如针对基础素质能力，团队就规划了生存培训、机组资源管理培训、烟雾撤离培训等6项基础培训，使机组加强了协同配合能力，提高了应急情况下的救生、生存能力。

试验人员通宵工作，我们也跟着通宵工作，这样让我们更了解飞机

在 C919 首飞开始后的 79 分钟里，飞机没有出现任何警告或故障，堪称一次完美的型号首飞，甚至超出了首飞机组人员的想象。

实际上，首飞是新研制飞机的第一次升空飞行，存在诸多不可预知的风险。为确保滑行及型号首飞的安全，青年团队组织开展了首飞特情准备工作，以准确识别试飞期间的潜在风险，为各种可能发生的特情做好准备。

青年团队首先根据飞机的实际构型状态，分析并梳理出可能发生的特情共 32 项。针对每项特情，编制了相应的特情处置预案和具体的处置程序；其次，组织开展了 25 天的特情专项训练，共计完成 41 个科目和 500 多个试验点的训练工作。通过风险识别和特情训练，确保了首飞机组在各种突发情况下都能胸有成竹、处置得当。

首飞完成后，机长蔡俊介绍，首飞机组在准备阶段，哪怕是对"双发动机失效"这样危险的情况，也已经在训练过程中处置过几十遍了。这正凸显出首飞机组对特情处置预案的持续关注。

"我们参考了风险评估单、飞行手册，还跟首飞机组进行了多次交流，努力在自己认识的基础上尽量做到全面。"赖培军说，最初开始编制这个预案的时候并没有经验，只能一点点摸索。

作为首飞技术支持团队，还有一项重要工作就是要帮助首飞机组及时、高效地掌握飞机信息。但在首飞前，C919 大型客机需要持续不断地进行系统集成试验、通电试验、静力试验、发动机试车等一系列准备工作。毫不夸张地说，当时这架还在总装车间厂房的飞机，几乎每天都在"变化"。在这种情况下，如何让首飞机组了解飞机的状态？

"我们当时采用了清单式管理办法，着手建立清单并跟踪。那个时候飞机在总装车间做试验，我们就跟试，试验人员通宵工作，我们也跟着通宵工作，这样让我们更了解飞机。"张龙说。

另一方面，清单也会记录下机组提出的问题。赖培军说："作为一个负责的机组，发现的任何问题都应该提出来。我们会确保对这些问题进行追踪，让飞机设计、制造等团队和首飞机组之间形成高效的交流。"

那是一种很真实、很充实的激动

回忆起首飞当天激动的心情，张龙表示，"那种激动跟以前不一样，是一种很真实、很充实的激动。"他很庆幸自己能参与到 C919 的首飞工作中。

张龙当年就是奔着 C919 大型客机的项目来到中国商飞公司的。2009年从北京航空航天大学的大飞机班研究生毕业后，他应聘到中国商飞公司工作。几年后，得知中国商飞公司开始试飞工程师培训选拔，张龙毫不犹豫地报了名，最终如愿成为一名试飞工程师。

试飞工程师戴维在团队中的角色则不太一样。作为试飞工程部部长助理，他在这个团队中代表的是整个课题工程师资源，为首飞机组的工作提供更加专业而细致的技术支持。

比团队其他成员"幸运"的是，试飞工程师马菲和张大伟同时也是首飞机组的成员，2017 年 5 月 5 日，他们与 C919 飞机一起飞上了蓝天。

马菲仍记得 C919 首架机进行的一次滑行试验，那是它第一次依靠自己的动力"行走"。10 年的研制，就像婴儿迈出的第一步，所有人都在等待这个激动的时刻。然而这次滑行，仅前进了十几米就终止了。当时马菲就在飞机上。

这给整个团队不小打击，也将整个滑行试验进程推迟了近一个月。在有限的时间内，青年团队和研制人员一起加班加点排查原因，摸透了这架飞机的特性和"脾气"，终于过了这道"迈步"关。

掌舵"蛟龙"：潜航员的水下生活

从水下 3000 米、4000 米、5000 米直到 7000 米，伴随着蛟龙号载人潜水器不断冲击深潜新纪录，被誉为"深海中的宇航员"的潜航员，日益引起公众的瞩目：他们是如何下潜的？在海底的境况如何？他们又是如何选拔、怎样训练的？

一大桶冰凉的海水从头顶浇下来，叶聪和同伴崔维成、杨波浑身湿得通透，心情也是开心得通通透透，压力顿时随之释放。

北京时间 2011 年 7 月 21 日早上 8 点，辽阔无垠的东北太平洋公海上，从水下 4027 米回到向阳红 09 船甲板，蛟龙号三名潜航员受到泼海水的"礼遇"。

北京时间 2011 年 7 月 26 日上午 10 点年，这回迎接三名潜航员叶聪、杨波和付文韬的是鲜花、拥抱和香槟。5000 米！当时中国载人深潜的深度再次刷新。

2012 年 6 月 27 日，在西太平洋马里亚纳海沟，我国自行设计、自主集成研制的"蛟龙"号载人深潜器创造了下潜 7062 米的深潜纪录，为中国人进入深海世界打开了大门。

载人深潜器的潜航员，就像深海里的"宇航员"。他们承受的"压力"和难度，也是随着深度的增加而不断增加。突破 7000 米水深，也意味着蛟龙号承受的水压相当于每个平方米上负重 7000 吨，潜航员承受的心理压力也是"7000 米"级别的。

呆在潜水器内，不是一件好受的事

深海海底世界，神奇无比。从 5000 米海底返回的叶聪说，海底世界让人大开眼界，许多生物的学名都无法确定。

有过 3000 米深潜经验、也经历了 5000 米深海的"80 后"潜航员付文韬在接受媒体采访时曾形容："海底很美，形状各异的小鱼，好大的海星，成群的龙虾，他们自由自在地畅游，让整个海底世界如梦幻一般。"

但待在潜水器内，却不是一件好受的事。潜航员所说的深海，是指海面 1000 米以下，那里没有氧气，没有阳光，非常寒冷，而且深度越深，压力越大。

每次下水，内径为 2.1 米的球体舱都载有 3 个人，一个是潜航员，还有两名试航员负责科研项目。叶聪说，"进舱的第一感觉就是载人舱空间太小，虽然能容下 3 个人，但 3 个人很难同时站立起来。在下水过程中潜水器摇晃厉害，舱内会非常热，挥汗如雨。随着深度增大，潜水器周围会逐步变暗，直至漆黑一片，温度很低，作业时间长了会比较寒冷。"在突破5000 米水深的下潜试验中，在到达 5000 米海底时，外部温度大概只有 2

摄氏度。

付文韬的经验是，由于潜水器舱内狭小，他们要贴着舱壁原地不动地坐着，经常是贴着舱壁的一半身体冰凉，另一半却非常热。长时间驾驶潜水器，手都有些冻僵了。

除了温差，付文韬说，下潜时气压也会逐渐降低，氧气也会越来越稀薄。虽然每次下潜他们都会准备充足的诸如巧克力、压缩饼干等高热量的食物和饮用水，但是为了减少排泄，他们不敢多吃，将近10个小时都不能喝水。

每次下潜前，下水人员都不能吃刺激性味道和容易导致肠胃不适的食品。"我一般不吃早饭，中午出海前吃一点，因为舱内不方便上厕所。"叶聪说，以下潜3700米为例，上浮100分钟，下潜也要100分钟，工作300分钟，中间还安排了在舱内就餐。

在一次深度为3757米的下潜任务中，在下潜的100分钟里，操作任务相对少的潜航员可以给同伴拍个照，让舱内的气氛轻松、融洽。中间三个人开心地吃顿午饭，如果时间允许，还可以在海底逛逛。返回水面的100分钟，在完成当天的工作总结后，等待回收的过程里，会听听音乐，谈谈下潜的感受。在2011年7月21日突破4000米的下潜过程中，下潜到1000多米时，三名潜航员甚至还抽空拍了一张三个人的合影，通过水声通信传到了水面控制室。

蛟龙号载人潜水器总设计师徐芑南研究员说，蛟龙号球壳由钛合金材料制造，能够耐受水压。潜水器舱内是常压环境，有专门的供氧环境，也可以吸收异味气体，但潮湿问题没有办法解决，这是拥有深潜器的世界各国都想解决的问题。在夏天做深潜试验，舱内温度也会比较高。

潜航员的选拔培训非常严格，对生理、心理都有很高的要求

伴随着"蛟龙号"的研制和成功下水，我国首批潜航员和试航员队伍已经形成。而潜航员培训专家组的负责人就是专门负责培训航天员的专家。

在下过 3000 米深海的三名潜航员中，叶聪 1979 年出生，唐嘉陵、付文韬都是"80 后"，3 人都是大学毕业生。作为潜航员，叶聪还专门参加过中美联合深潜航次，有一定的水下实际操作经验，还接受了系统的心理、生理和专业知识培训，是目前我国载人深潜的潜航员中经验最丰富的一位。

叶聪 2001 年毕业于哈尔滨工程大学船舶工程系，2001 年至今在中船重工 702 所水下工程研发部门工作，是蛟龙号载人潜水器的主任设计师，同时也是质量师、建造师和潜航员。他和唐嘉陵和付文韬不同，属于技术人员转型到潜航员。他戏称自己是兼职潜航员。

"从 2001 年就开始做蛟龙号的设计，2003 年成为主任设计师，2005 年经过选拔和培训参加中美联合深潜，2007 年招收潜航员时，我曾是培训课题的主要教官。"叶聪说，他老家在湖北武汉，自认小时候没有明确的、成熟的理想。"现在回忆起来，当时比较喜欢画图，是拿尺子画房子一类的，这似乎跟现在的工作有一点点联系。"

"做蛟龙号载人潜水器的潜航员的原因可能有三点，首先是蛟龙号研发人员的专业素质，其次是中美首次联合深潜活动的经历，最后是个人兴

趣和上百小时的操作经验。"叶聪说。

1984 年出生的唐嘉陵和叶聪是校友，他在 2006 年得知潜航员选拔后，查阅了有关资料，了解到潜航员在世界上是一种特殊职业，出于年轻人的好奇心，抱着试一试的想法报名参加了海选。付文韬比唐嘉陵大两岁，2005 年毕业于兰州理工大学通信工程专业。2007 年，两人同时加入潜航员队伍，成为并肩战斗的深海战友，也是中国首批选拔并自行培训的潜航员。成为潜航学员后，他们历时数年进行了潜水器相关理论知识、设备检查维护、潜水器操作以及身体、心理等多方面的严格培训。

"要深潜到这么深的海底，我们的选拔过程比较严格。"叶聪说，比如身体不能有异味，以免在如此狭小的空间里影响同伴；不能有幽闭恐惧症；一般体重不超过 80 千克；还要具备一定的精细操作能力。

从开始训练到得到潜航员资格，能够独立完成任务，需要大约四年的时间。应该说受训的学员在身体上没有受什么罪，他们本身就有比较好的身体条件。培训的特点是内容非常多，包括理论和实践等，潜水器的检修、维护和驾驶，水面支持设备的使用，身体和心理的训练和监测，潜水员资格的获取……

徐芑南说，长期在封闭空间，不仅要考验潜航员身体素质考验，对心理方面尤其构成挑战。付文韬也认为，潜航员的选拔培训非常严格，对生理、心理都有很高的要求。其中心理素质的考验更为严峻。

在最初的潜航员筛选时，准潜航员首先进行的就是海上眩晕测试。付文韬此前曾在接受媒体采访时回忆，当时一艘快艇带着学员们在海上飘荡。

45 分钟后，很多人都被颠簸得出现了眩晕和呕吐的症状。只有他和唐嘉陵两人表现良好。

面对深海未知、漆黑的环境，心理素质的考验更为严峻。在上海交通大学，潜航员接受了专门的心理素质培训。在一个狭小、漆黑的模拟空间，他们除去身上所有物事，持续呆了 12 个小时，以训练心理耐力和承受力。

叶聪形容这种培训叫"坐小黑屋"。因为在"蛟龙号"舱内狭小、封闭的空间里，长达近 10 个小时的枯坐，面对深海漆黑孤寂的环境，容易出现"幽闭症"，会因为恐惧导致呼吸急促等生理反应。

在海底除了进行地形地貌测绘等外，还要捕获海底生物

潜航员们在海底除了进行地形地貌测绘，搜索标志物外，还要捕获海底生物。付文韬曾用深潜器的机械臂从 3757 米的深海处仅用 5 分钟就捕捞上来一只紫色海参。这得益于他们在陆上训练中反复进行的机械手操控专项训练。在这项训练中，单是如何使用机械手臂，就得花费一周的时间。那些日子里，除了吃饭、睡觉，就是摇动摇杆。从最初抓一些大个的物品，到后来可以抓起矿泉水瓶，向一个如瓶口大小的管子里倒水，虽然枯燥乏味，但为了能在海底更好的取样，他们需要认真的反复训练。

面对未知的深海世界，每一次下潜都会有未知的风险。2011 年 7 月 21 日创造 4000 米深潜纪录的试验中，下潜到 1700 米的时候，叶聪和同伴紧张了一会儿。2010 年潜水器曾多次在这个深度绝缘报警，但是一回到 1000 米，报警消失。经过一年的技术改造和升级，2011 年蛟龙号顺利通过了 1700 米的考验，大家松了一口气，继续往下。

主驾驶潜航员相当于深潜器上的"船长"，有时候甚至海上总指挥也要听他的。因此这要求主驾驶具备冷静、负责、果断的决策能力，能够遇事不惊，按照操作手册、应急预案以及个人知识积累来分析、处理问题，对潜水器和舱内所有人员的安全负责，能够在困难面前挺身而出。如今潜航员队伍中已经有 3 人担任过主驾驶员，具备这种能力。

2011 年 7 月 26 日在创造 5000 米深潜记录的海下试验中，下潜时叶聪是主驾驶，上浮过程，付文韬担任主驾驶，以进一步增加当主操手的经验。

如今，7000 米的梦想已经实现，10000 米的梦想正在一步一步接近现实。